ANAの謎とふしぎ

秋本俊二 監修　造事務所 編

ANA 協力

JN216351

PHP

CONTENTS

パート7　ANAのトリビア

とくに明記がない場合、本書の内容は2016（平成28）年1月時点の情報に基づいています。

ANAの3つの魅力

日本の空の旅を、1952（昭和27）年の創業以来支え続けている
ANA。「安心と信頼」を軸にしたサービスが魅力です。

魅力1 目で楽しみ、全身で体感！
多彩なデザインと機能的な客室

STAR WARSの公開を記念した
R2-D2™ ANA JETは、鮮やかなブ
ルーとオレンジ色が印象的なデザ
インです。

機内で配られる紙コップと
ペーパーナプキンにも、『ス
ター・ウォーズ』のデザイン
がほどこされている。

魅力2　ただの移動手段ではない！安心できる柔軟なサービス

国内線であれば最長でも4時間弱の飛行時間。短時間でも、きめこまかいサービスを提供してくれます。

魅力3　出発前から快適に！各空港内設備の充実

楽しい空の旅は、空港に入った瞬間からはじまっています。
ANAのラウンジでは、出発前の時間を快適にすごすことができます。

ANAの魅力

楽しい空の旅は、空港に到着した瞬間からはじまっています。スタッフのきめこまやかなサービスが、どのようにして維持されているのか紹介します。

旅のはじまりを、最高峰の空港サービスでエスコート

空の旅のはじまりは、飛行機に乗る前——空港に到着した瞬間から。それを実感させてくれるのがANAの空港サービスです。

笑顔で迎える地上スタッフ

「ビジネスクラスのご利用ですね。こちらからどうぞ」。空港に到着すると、ANAの地上スタッフが声をかけてくれます。案内されるのは、同クラス専用のチェックインカウンター。これからフライトで各地に向かう利用者のため、ANAは機内だけにとどまらず、空港にもさまざまなサービスを用意してきました。

そのひとつが、上級クラス利用者が混雑時にも長い列に並ばずに時間を短縮できる**専用レーン**でのチェックイン手続きです。こうしたプレミアムなサービスが、利用者の間で高い評価を受けてきました。搭乗券を手渡すスタッフに「どうぞ楽しいご旅行を。行ってらっしゃいませ」と笑顔で送り出されると、これからはじまる旅への期待がふくらみます。

地上での接客から機内プロダクト、人によるもてなしまで——そんなトータルなサービスこそが、ANAの人気のひみつなのです。

©Shunji Akimoto

チェックインカウンターにて業務にあたるグランドスタッフ

搭乗までの時間はラウンジで

空港へ行くのは出発時間のぎりぎりに、という人もいますが、ANAの利用者は余裕をもって空港に到着する人が少なくありません。搭乗開始までの時間をラウンジでゆったりすごす——それも快適な"空の旅"の重要な要素だと考えるからです。

ANAは国内線では主要空港に、国際線では成田と羽田、関空に豪華な専用ラウンジを整備してきました。それらのラウンジに足を踏み入れると、目に飛び込んでくるのは「ジャパニーズ・モダン・コンフォート」をコンセプトにした洗練されたデザイン空間。モノトーンの落ち着いた色合いが心地よく、シャワー施設やビジネスコーナーなどが完備されているほか、ゆで立てのそばやうどんをオーダーして楽しめる「ヌードルバー」などが人気を集めています。

©Charlie FURUSHO

成田空港にある ANA SUITE LOUNGE。開放的で清潔感のある大きな自動ドアが印象的だ

専用レーン……混雑時にも保安検査などで長い列に並ばなくてすむよう、ファーストクラスやビジネスクラス利用者のために用意された優先レーン。スターアライアンスメンバー各社の手続きもここで可能に。

利用者の"声"をもとにした商品・サービスづくり

ANAが多くの人たちに支持され、ファンを増やしている理由。そのひとつが、利用者の声をサービスに反映させる取り組みです。

届く声は年間5,000万件以上

「お客様の声に徹底してこだわります」——そんな行動指針のもと、ANAは利用者やサービスの最前線で働く社員たちの生の声から積極的に課題を見いだし、サービス向上に努めてきました。それらの声から現在の商品・サービスのクオリティを評価して、改善策を検討し、新しい商品やサービスの企画に反映するしくみを確立しているのです。

具体的な活動としては、利用者への定期的なアンケート調査などを実施。また「ご意見・ご要望デスク」や予約・案内センター、客室乗務員、空港係員に寄せられた利用者の声についても、各部門でレポートを作成して社内共有してきました。2014（平成26）年度に利用者から寄せられた声は、国内4,320万件（前年比101.3%）、国際720万件（前年比113.7%）にも達します。

そうした声に真摯に耳を傾けるからこそ、他社にない独自のハイクオリティな商品・サービスが生まれるのです。

キャビンアテンダントのブリーフィング（打ち合わせ）の様子

要望は目に見える形で反映

　利用者から届けられた声は、実際にどのように活かされているのでしょうか？

　たとえば、ボーイング767や777で2014（平成26）年春からはじまり、利用する人も増えている**機内Wi-Fiサービス**。その料金体系が、2015（平成27）年8月から従来の「従量制」から「時間制」に変更になりました。これも利用者からの「従量制だと、どのくらい使用できるかわかりにくい。時間制にしてほしい」といった要望にいち早く対応したものです。

　機内に忘れ物をした場合の「問い合わせ先」を、ANAWebサイトのトップページにわかりやすく表示したり、機内の座席まで利用できるリクライニング式の車イスを、羽田や新千歳、伊丹、福岡、那覇などの各空港に用意したりしました。

　これも、やはり日ごろ現場に寄せられる利用者の声に応えてのことでした。

機内 Wi-Fi サービス利用時に表示される画面

機内Wi-Fiサービス……機内で、スマートフォンなど無線LAN接続が可能な機器からインターネットに接続できるサービス。2015（平成27）年8月から料金プランが「時間制」に統一され、ますます利用しやすくなった。

「到着のその先へ」を合言葉に「定時運航」を実現

飛行機を利用する人たちがなにより望むのは「時間に遅れない」こと。ANAは「定時出発」「定時到着」を高いレベルで実現してきました。

On-Time Airline ANA

　ANAが「On-Time Airline」を宣言したのは2002（平成14）年。以来、安全運航の堅持を前提に、「到着のその先へ」を合言葉に、グループ一丸となり、「定時到着」「定時出発」の実現に向けた取り組みが進められています。

　ANAの利用者の到着空港のその先にあるさまざまな目的に想いを馳せ、自分たちの日々の役割を果たしていこう──「到着のその先へ」という言葉には、社員一人ひとりのそんな気持ちが込められています。

　たとえば羽田空港では、利用者からの「広い空港内で進む方向がわかりにくい」という意見を反映し、2013（平成25）年12月から搭乗エリアを4色に色分けしました。文字と記号だけでなく色を追加することで案内表示の視認性を高め、スムーズに搭乗口にたどり着けるように改善したのです。

　2015（平成27）年7月からは、自動手荷物預け機 "**ANA BAGGAGE DROP**" を羽田空港国内線に導入。手荷物を預ける際の待ち時間を削減し、定時運航の促進につなげています。

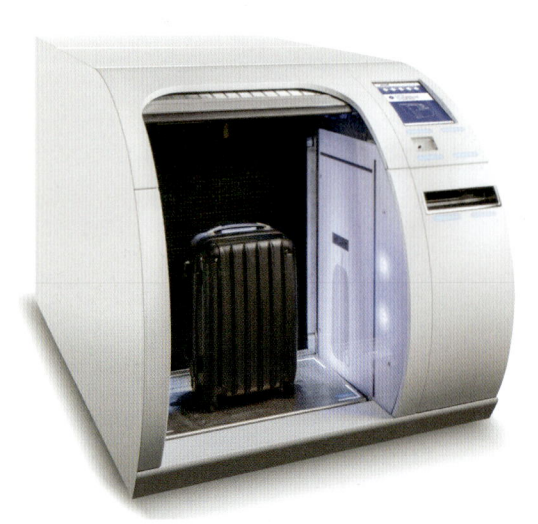

自動手荷物預け機「ANA BAGGAGE DROP」。利用者の待ち時間が削減される

全運航便を束ねるOMC

　定時運航を実現するには、現場を支える専門のバックアップ部隊の活躍も欠かせません。羽田空港には、世界中の空を飛行するANA便を24時間体制で管理するOMC（オペレーション・マネジメント・センター）が置かれています。

　たとえば、台風の接近といったイレギュラー時の対応方針なども、OMCがさまざまなデータを駆使・分析のうえ、立案します。羽田空港では、同空港を発着する便を集中管理するAMC（エアポート・マネジメント・センター）も機能し、OMCと連動して的確かつ迅速に行動。さらにOMCは、航空機の整備を統括するMOC（メンテナンス・オペレーション・センター）とも密接に連携しています。

　こうした運航にかかわるさまざまな専門部署が一体となって、ANAの日々のオペレーションをマネジメントし、現場をバックアップしながら「定時運航」を実現しているのです。

OMCのスタッフは、何台ものパソコンをチェックし、運航に必要な情報を集める

ANA BAGGAGE DROP……ANAの新しい搭乗スタイル「ANA FAST TRAVEL」の目玉として運用を開始。荷物タグの発行からタグ付け、預け入れまでを旅客スタッフを介さずに1ストップですませることができる。

航空連合「スターアライアンス」の中心メンバー

航空連合の先駆けである「スターアライアンス」。その加盟により、ANAはグローバルネットワークの戦略展開を可能にしました。

世界初・最大の航空連合

ANAは1999（平成11）年に「スターアライアンス」に加盟しました。スターアライアンスとは、世界で最初に発足した航空連合であり、これまで、ユナイテッド航空、ルフトハンザドイツ航空、エア・カナダ、中国国際航空など28社が参加（2015〈平成27〉年12月現在）。その中心的な役割をANAが果たしています。

各社との協力関係は、単なる「コードシェア（共同航空）」にとどまりません。今日では、ダイヤや運賃、営業までをあたかも1社でやりくりするように共同で展開するJV（**ジョイントベンチャー**）として進化。太平洋横断路線やアジア路線ではユナイテッド航空と、日本から欧州への路線ではルフトハンザやスイス インターナショナル エアラインズ、オーストリア航空の3社とJVをスタートさせ、事業の取り組みを強化してきました。

また、ANAはスターアライアンスメンバー以外の航空会社ともコードシェアを行なうなど、大きくスケール展開し、グローバルネットワークの強化・拡充を進めています。

● スターアライアンスの加盟航空会社の一例

上記のほかタイ国際航空、コパ航空、ブリュッセル航空、南アフリカ航空など、28社が参加している

世界一周もリーズナブルに

アライアンスの加盟により、航空会社は自社のみでは路線展開が難しい都市へも、メンバー各社とコードシェアを行うことで幅広いネットワークを築くことができます。もちろん利用者にとっても、旅のさまざまな場面でメリットは少なくありません。

各社の便の予約が便利になるほか、アライアンスの加盟会社を乗り継ぐ場合は出発地で全行程のチェックインができ、手荷物も原則として最終目的地まで預かってもらえます。上級クラスの旅客は、海外の空港で各社のラウンジ利用が可能に。またアライアンスの加盟会社では、マイルの相互加算や、特典の相互利用ができます。

最近は、加盟会社のフライトを乗り継いで世界一周の豪華旅行に出る人も増えました。スターアライアンスでは、日本発の世界一周航空券を30万円台（エコノミークラス）など、リーズナブルな価格で売り出しています。

● スターアイランス加盟航空会社一覧

加盟航空会社	国籍	加盟年	加盟航空会社	国籍	加盟年
タイ国際航空	タイ	1997	南アフリカ航空	南アフリカ共和国	2006
スカンジナビア航空	デンマーク ノルウェー スウェーデン	1997	スイスインターナショナルエアラインズ	スイス	2006
エア・カナダ	カナダ	1997	中国国際航空	中国	2007
ユナイテッド航空	アメリカ	1997	エジプト航空	エジプト	2008
ルフトハンザドイツ航空	ドイツ	1997	ターキッシュ・エアラインズ	トルコ	2008
ANA	**日本**	**1999**	ブリュッセル航空	ベルギー	2009
ニュージーランド航空	ニュージーランド	1999	エーゲ航空	ギリシャ	2010
シンガポール航空	シンガポール	2000	エチオピア航空	エチオピア	2011
オーストリア航空	オーストリア	2000	深圳航空	中国	2012
アシアナ航空	韓国	2003	コパ航空	パナマ	2012
LOT ポーランド航空	ポーランド	2003	TACA 航空	エルサルバドル	2012
クロアチア航空	クロアチア	2004	アビアンカ航空	コロンビア	2012
アドリア航空	スロベニア	2004	エバー航空	中華民国（台湾）	2013
TAP ポルトガル航空	ポルトガル	2005	エア・インディア	インド	2014

中国、ドイツ、エジプトなど、世界各国の航空会社が加盟している

ジョイントベンチャー（JV）……同じアライアンスに属する会社が、JV区間の収入を一括プールし、運航座席・距離・クラスなどの要素を組み込んだシェア方式で分け合う事業形態。運航ダイヤや運賃の調整も加盟会社で可能に。

パート2

ANAの
路線・ダイヤ

ANAの国内線＆国際線の人気路線を中心とした航空路や、機窓の風景などをくわしくご紹介。空の旅がより楽しくなることまちがいなしの情報が満載です。

目に見えない飛行機の通り道

「航空路」という空の道には、共通のルールが存在します。高度や飛行経路まで、目に見えない道路が設定されています。

飛行高度のルール

　飛行機が飛ぶとき、その高度の単位には「フィート（ft）」（1ftは約30cm）が使われ、飛行高度は平均すると、およそ3万3,000ft（約1万m）におよびます。

　しかし、かならずこの高さを飛んでいるわけではありません。たとえば、羽田ー伊丹線などのように、飛行時間が1時間あまりの短い路線では、高度はおおむね2万8,000ft（約8,500m）です。飛行機が1万mの巡航高度に達するまでには30分ほどかかり、降下にも同じ時間がかかります。上昇してすぐに降下するのではなく、もともと低めの高度を飛んでいるのです。

　また、飛行機どうしがぶつからないように、高度は1,000 ～ 2,000ft以上の差を保つよう、**航空管制官**が指示します。さらに、東行きが1,000ftの奇数倍、西行きが偶数倍の高さを飛ぶというルールも存在しています。

● 飛行機の高度と向き

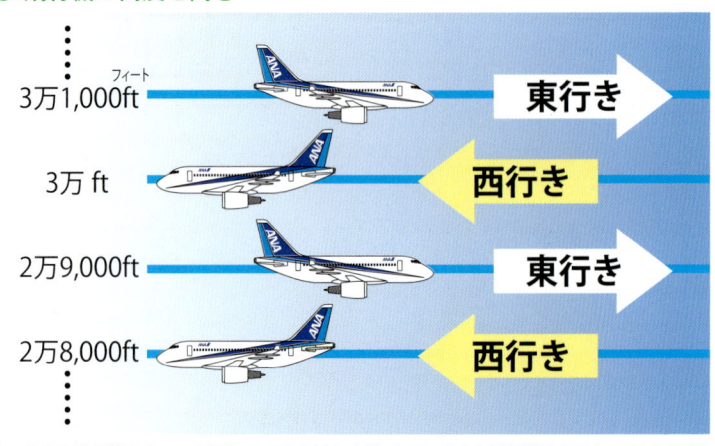

	フィート 3万1,000ft	東行き
3万 ft	西行き
2万9,000ft	東行き
2万8,000ft	西行き

東へ向かう飛行機は3万1,000ft、2万9,000ftを飛び、西へ向かう飛行機は3万ft、2万8,000ftを飛ぶ

航空路とウェイポイント

　上空には、道路や鉄道などのように、運転手たちが交通ルールを守るための線が引かれていません。しかし、「航空路」という目には見えない道が存在します。

　航空路の分岐点や、日本を47エリアに区画した空域の境目などには「ウェイポイント」が設けられ、パイロットは、この地点を目印として位置を把握しています。世界共通でアルファベット5文字の名前がつけられ、各ポイントの地名や名産品など、ゆかりのあるものに由来するユニークなものもあります。

　例を挙げると、福岡には「SOFTO」「BANKU」「HAWKS」という3つのポイントがあったり、高知空港の最終進入エリアには、高知県出身のやなせたかしさんにちなんで「JYAMU」「BATAK」「CHEEZ」「ANPAN」と、アンパンマンの登場キャラクターに由来するものがあったりします。これらのポイント名は、パイロットが管制官から指示を受けるときに使われています。

● 高知県のウェイポイント

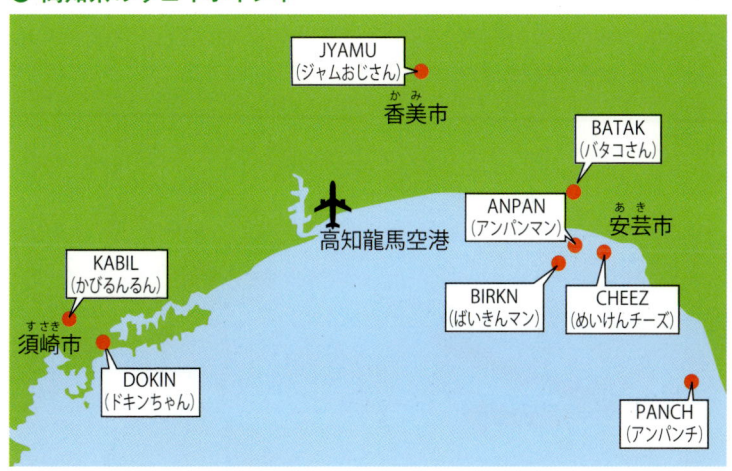

高知県のウェイポイントの名称と位置。ばいきんマンやドキンちゃんもある

 航空管制官……空港や空の交通整理をする国家公務員。出発から到着まで、飛行機が動くタイミングや使用滑走路、飛行経路、高度などを指示する。パイロットはこれらの指示なしに地上走行も飛行もできない。

21

行きと帰りで飛行時間がちがう 冬場に勢いを増すジェット気流

飛行機の運航に大きく影響する偏西風。同じ都市間を飛ぶ便でも、行きと帰りで1時間以上フライト時間が異なることがあります。

上空1万mに吹く時速360kmの風

　北半球と南半球のそれぞれ中緯度のあたりで西から東へ向かって吹く風のことを、偏西風といいます。日本列島も、北半球の中緯度のエリアに位置しています。日本の天気が西から東へと移り変わるのも、偏西風の影響を受けているからです。

　こうした偏西風のなかでも、飛行機が**巡航**する上空1万m付近では、とくに風の流れが強まります。これは「ジェット気流」とも呼ばれ、その速さは夏場に時速100km程度、冬場になると時速360kmにもなることがあります。新幹線ほどの速さの風が強く吹き抜けているため、この流れに乗るのか逆らって飛ぶのかによって、フライト時間は異なります。

　偏西風の影響を大きく受けるのは、太平洋や欧米路線、国内の羽田ー福岡線など、おもに東西に移動する路線です。

● 四季による風向きの変化

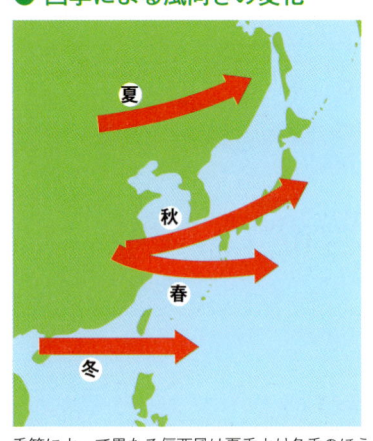

● 偏西風の蛇行

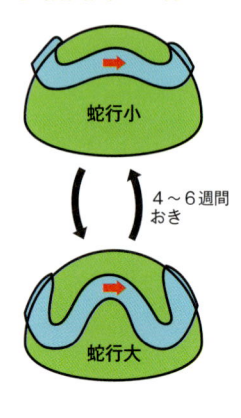

蛇行小

4〜6週間
おき

蛇行大

季節によって異なる偏西風は夏季より冬季のほうが強く、飛行時間の影響を受けやすい。南北の流れの振れ幅が大きくなると、高気圧あるいは低気圧が長期間続くブロッキング現象が起こる

向かい風のほうが飛びやすいふしぎ

飛行機は、向かい風を受けながら離着陸しています。追い風よりも翼にかかる風が強いために大きな揚力が発生し、滑走距離が短くても離着陸できるのです。

また、降下時に減速する手助けになるのも向かい風。しかし、向かい風が好まれるのは離着陸時に限ります。飛行機がいったん離陸して軌道に乗ると、今度は追い風のほうが好都合です。機体が風に押されてスピードが上がるからです。

ANAの時刻表を見ると、偏西風に乗る成田からロサンゼルスまでのフライト時間は9時間45分。概算すると、この2都市を結ぶ約8,500kmの距離を、時速約872kmで飛んでいることになります。

一方で、偏西風に逆らって飛ぶロサンゼルスから成田への便は11時間55分。時速は、約713kmです。フライト時間が長くなるほど、向かい風か追い風かによって、行き帰りで大きな時間差ができてしまうのです。

● 離陸時

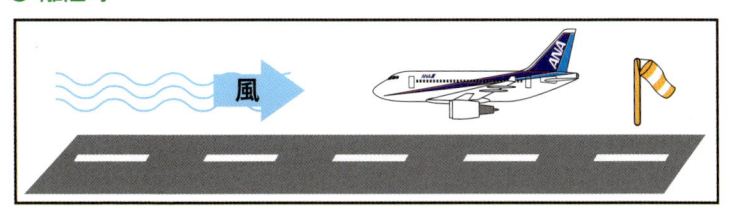

● 着陸時

離着陸時には向かい風を受けて、大きな揚力を発生させる。そのため、滑走路をつくるときは、風向きを入念に調べる

巡航……飛行機がある一定の高度と速度を維持しながら水平飛行している状態をさす。巡航高度は1万〜1万2,000m、巡航速度は時速900〜1,000kmが平均的で、飛行機がもっとも燃費がいい状態で飛ぶのは巡航中だ。

国内線・国際線ともにNo.1 ANAの輸送人員

日本の航空会社としてトップに躍り出たANA。国内線・国際線の年間の輸送人員数は、2014（平成26）年に5,000万人を超えました。

ANAの歴史の幕開け

　ANA（旧日本ヘリコプター）は創業時、小さな機体で運航をスタートしました。デ・ハビランドDH-104ダブという、座席数わずか8～11席の機体で、東京－大阪（伊丹）線を就航したのは、1953（昭和28）年のことでした。

　当初は、航空事業がまだ浸透しておらず、空港の整備状況も完全とはいえなかったため、1960（昭和35）年ころまでは不定期に運航していました。新幹線が開通する1964（昭和39）年よりも前のことです。

　また、キャビンアテンダント（CA）も存在せず、飛行状況や到着時刻などは、副操縦士の手書きメモを乗客に見せて案内していました。

　ANAの第1期のキャビンアテンダントの募集は、31人乗りのダグラスDC-3が導入されたとき。初就航の翌年でした。採用試験には約1,000人もの応募者が押し寄せましたが、採用人数は5～6人とわずか。創業当時は、とても小さな規模で運航していたのです。

旧日本ヘリコプター創業時の様子

伸び続けるANAの利用者

ANAの国内線は全路線毎日約900便、国際線は毎週約1,400便（1日平均200便）を運航しています。ネットワークの拡充とともに、利用者数は年々増え続け、いまでは日本国内で最高の利用者数をほこる航空会社に発展しました。

ANAグループの運航にとどまらず、**コードシェア（共同運航）**も実施しているため、国内・海外の主要都市には、ANAの便名でアクセスが可能になりました。

国内線では、エア・ドゥのほか、IBEXエアラインズ、ソラシドエア、スターフライヤー、オリエンタルエアブリッジの5社と提携し、日本全国にネットワークがくまなく張りめぐらされています。

さらに国際線では、海外のエアラインで最初に提携したユナイテッド航空をはじめとする、スターアライアンス加盟各社とコードシェア便を運航し、その旅先は世界各地へと広がり続けています。

エアドゥの767-300は、淡い水色と黄色の2本ラインがさわやかな塗装をまとう。この機体はかつてANAで運航されており、現在はエアドゥにリースされている

コードシェア（共同運航）……自社便名で、提携航空会社の機材および乗務員により運航されること。機内サービスも運航会社の基準で行なわれる。ANAでは一部を除き、コードシェア便に数字4桁の便名をつけている。

羽田発着のANA便が激増
国内各地からスムーズに海外へ

ANAの国際線が勢いを増すきっかけとなったのは、2010（平成22）年の羽田空港国際線旅客ターミナルの供用開始でした。

32年ぶりの羽田国際化

　ANAの羽田発着便は国内線が毎日191便、国際線が毎週199便（コードシェアは含まない）にのぼり、近年は海外路線がますます増えています（2016〈平成28〉年3月時点）。

　日本の航空業界は、2010（平成22）年秋に大きく変わりました。羽田空港で4本目の滑走路（D滑走路）の運用がはじまり、発着回数が年間約30万回から約40万回に増えたのです。同時期に**国際線旅客ターミナル**がオープンし、じつに32年ぶりに羽田からの国際定期便が復活しました。

　羽田空港の国際化は、ANAにとって大きなステップでした。それまでチャーター便として運航していた北京、上海（虹橋）、ソウル（金浦）、香港への路線を定期便とし、羽田―台北（松山）線を新設。さらに深夜・早朝帯で羽田からロサンゼルス、ホノルル、シンガポール、バンコクへの路線を開設し、羽田発着の国際定期便として一気に9路線が誕生しました。

● 羽田空港の滑走路

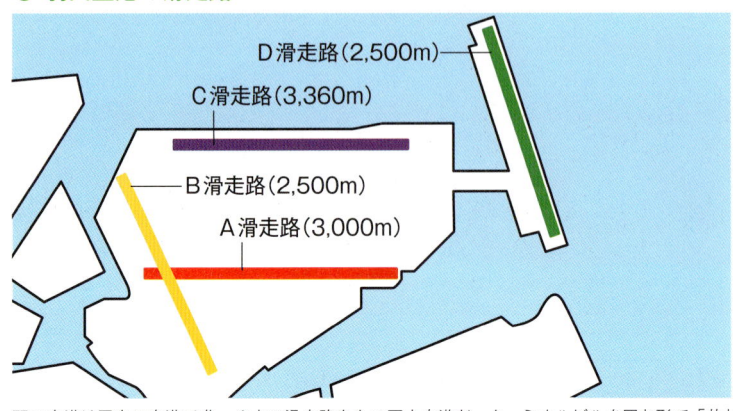

羽田空港は国内の空港で唯一4本の滑走路をもつ巨大空港だ。ターミナルビルを囲む形で「井」の字のように滑走路が敷設され、D滑走路は多摩川の河口につくられたいちばん新しい滑走路だ

成田空港と羽田空港のデュアルハブ化

ANAは首都圏の2大空港である羽田空港と成田空港を、「デュアルハブ」としてうまく使い分けています。羽田を国内線と国際線の乗り継ぎ拠点とし、成田をおもに北米とアジアを結ぶ国際線の乗り継ぎ拠点と位置づけています。

成田発着の国内線は、現在コードシェア便も含めて全国9都市に就航していますが、国内線は路線ネットワークが充実している羽田空港が最大の拠点空港です。

羽田空港の国際線発着枠が拡大した2014（平成26）年春には、ロンドンやパリなど7都市へ新規就航し、現在ではANA独自の路線として海外19都市20路線へ運航しています（コードシェアは含まない）。

羽田発着の国際線はANAが最多の便数をほこり、ANAのなかでも羽田発着便が全体の約4割まで拡充してきました。アジアの主要都市や、ロサンゼルス、ホノルルなどの人気都市へは、成田と羽田の両空港から就航しています。

成田空港の第5サテライトにあるANAラウンジでは、目の前に駐機された飛行機を見ながら出発前のひとときをたのしむことができる

国際線旅客ターミナル……戦後、国際線の拠点は羽田空港であったが、1978（昭和53）年の成田空港開港と同時に、国際線のほぼ全便が成田発着となった。羽田からの国際定期便は、2010（平成22）年に再開された。

利用者数トップ路線は羽田空港発着便が中心

国内線も国際線も、羽田空港を発着する路線に利用者が集中しています。それぞれのランキングに注目してみましょう。

年間約365万人が行き来する羽田－新千歳線

　国内線で年間の利用者数がいちばん多い路線は、ずばり羽田－新千歳線です。この路線は、ANAのほか、日本航空、スカイマーク、エア・ドゥの4社が競合し、2006（平成18）年には世界ではじめて年間の利用者が1,000万人を突破した、世界一の利用者数をほこる路線でもあるのです。

　ANAの国内全路線で便数がいちばん多く、コードシェア便を含むと、1日30往復60便がひっきりなしに運航しています。レジャーでの利用だけでなく、ビジネス層にも需要が高く、ANAの2014（平成26）年の輸送人数は約365万人でした。同じ路線を運航するほかの航空会社とくらべても、トップの利用者数をほこります。

　この路線に続くのは羽田－福岡線の約330万人、さらに羽田－伊丹線の約272万人で、トップ10のうち福岡－那覇線を除く9路線が羽田を発着する路線でした。ANAの2014（平成26）年の国内線の年間利用者数は、トータルで約3,928万人にのぼり、世界でも9位にランクインしています。

● 国内線利用者数のランキング

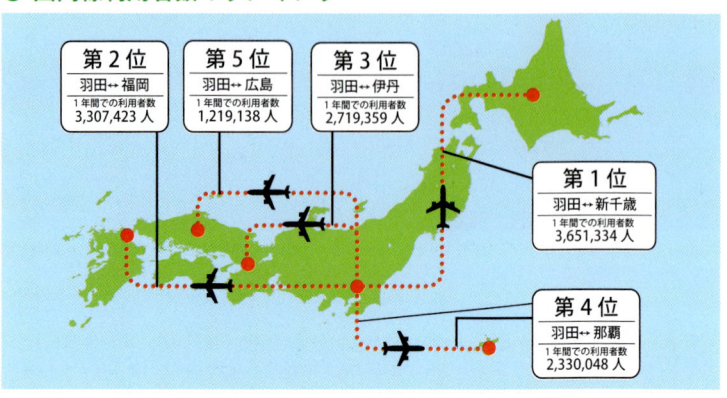

第2位	第5位	第3位	第1位	第4位
羽田↔福岡	羽田↔広島	羽田↔伊丹	羽田↔新千歳	羽田↔那覇
1年間での利用者数 3,307,423人	1年間での利用者数 1,219,138人	1年間での利用者数 2,719,359人	1年間での利用者数 3,651,334人	1年間での利用者数 2,330,048人

2014（平成26）年度の国内線利用者数トップ5は、羽田発着路線で独占状態

国際線旅客数のトップ3はアジア路線

　国際線では、アジア路線で数多くの便を運航しています。利用者数の多い路線トップは羽田ーソウル（金浦）線で、2014（平成26）年の実績は約39万人にのぼりました。

　ソウルには、仁川国際空港と金浦国際空港の2大空港がありますが、ANAのソウル線は、羽田ー金浦線のみで、成田ー金浦線や成田ー仁川線はアシアナ航空のコードシェア便で運航されています。

　ソウルの2空港を日本の首都圏の空港にたとえると、仁川が成田国際空港、金浦が羽田空港のような位置づけです。金浦空港のほうがソウルの中心地に近く、アクセスが便利であることも人気の理由です。

　さらに、2位の成田ー上海（浦東）線が約35万人、3位の羽田ーシンガポール線が約28万人と続きます。上海浦東国際空港へは、成田、羽田、関西、名古屋の4大国際空港からANA便が就航しており、全国的に需要の高い**ドル箱路線**です。

● 国際線利用者数のランキング

| 第1位 |
| 羽田↔ソウル |
| 約39万人 |

| 第3位 |
| 羽田↔シンガポール |
| 約28万人 |

| 第2位 |
| 成田↔上海 |
| 約35万人 |

2014（平成26）年度の国際線利用者数トップ3には、羽田と成田を離発着する両方の路線がランクイン。就航便数の多さも高ランクの理由のひとつだ

ドル箱路線……航空機や鉄道などにおいて、需要が高く、収益性の高い区間のことをいう。日本国内では、羽田ー新千歳線のほか、羽田ー福岡線や羽田ー伊丹線などがドル箱といわれ、各社が競合する路線だ。

全国に展開する
ANAの国内ネットワーク

1952（昭和27）年の創業から国際線が就航するまでの34年間、ANAが独自に築きあげたネットワークは現在の基盤となっています。

ANAの就航図（コードシェアを含む）

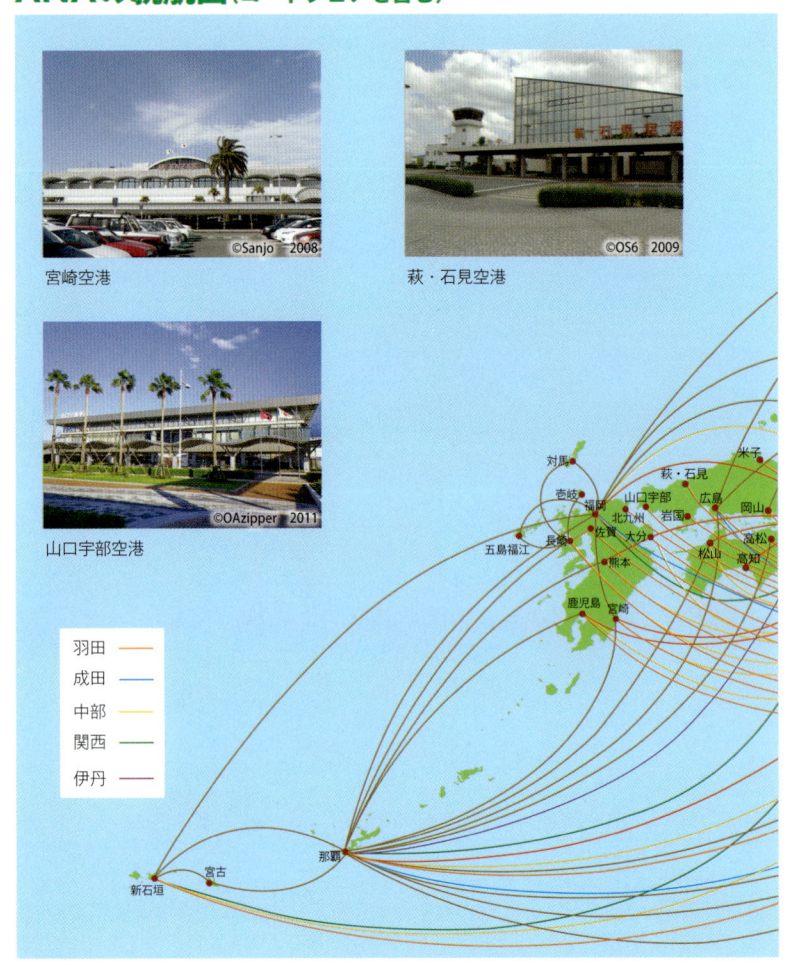

宮崎空港 ©Sanjo 2008

萩・石見空港 ©OS6 2009

山口宇部空港 ©OAzipper 2011

羽田	
成田	
中部	
関西	
伊丹	

主要3大拠点は羽田、札幌、伊丹

ANAは1960年代、東京から地方路線に急速に拡大し、現在の国内線ネットワークの土台をつくりました。この路線網は、東京を中心に放射状に広がる光線のようで、「ビームライン」と呼ばれていました。

運航がはじまったのは1963（昭和38）年で、当初は4路線が就航。現在は、羽田空港を拠点に41空港へ、そのほかにも札幌からは23空港へ、伊丹からは18空港へと運航しています（2015〈平成27〉年11月現在）。

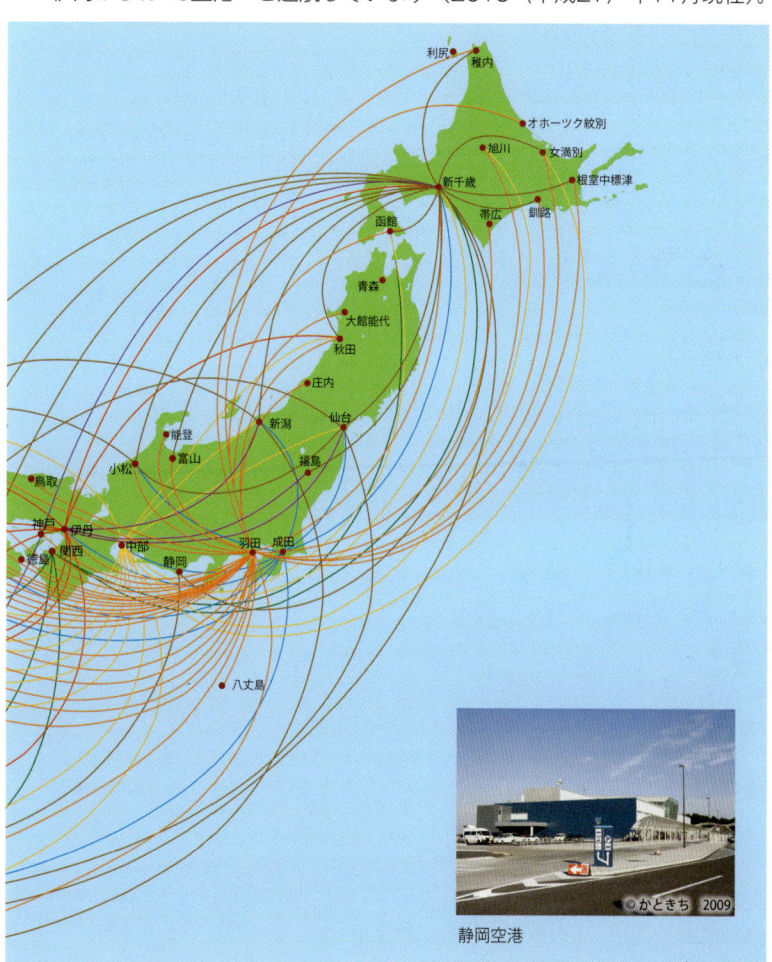

静岡空港

機窓の風景①
広大な自然を望む北ルート

北行きのルートで窓から眺める景色は、季節によって大きく表情を変えます。大自然が織りなす風景は、どの路線も見逃せません。

本州の中心を縦断する羽田―新千歳線

羽田から北へ向かうルートは通常、**C滑走路**から離陸します。北風を受けてC滑走路から離陸した直後には、東京都心のビル群、東京タワーやスカイツリーなどを見ながら東京湾上空で右に旋回し、北上を開始します。

その後、しばらくすると、猪苗代湖（いなわしろこ）や磐梯山（ばんだいさん）、そして左手の彼方には上越の山々が見えはじめます。天気がよければ、日本海側の月山や鳥海山（ちょうかいさん）も確認でき、一方右手には、蔵王山を眼下に望みながら北へ進みます。

北行きの路線は、山形県上空付近まで同じルートを飛びます。ここから新千歳空港まではほぼ一直線。下北半島や津軽海峡を越え、左手には駒ヶ岳や蝦夷富士の異名をもつ羊蹄山（ようていざん）の姿も望めるでしょう。

このあと機体は苫小牧港の上空付近を通過して、新千歳空港に進入していきます。苫小牧の市街地と、その奥に広がる道南の山岳地帯の緑の北海道らしい風景が見られるはずです。

道東への飛行ルート

北海道の稚内、オホーツク紋別、根室中標津（なかしべつ）の3空港、東北の大館能代（おおだてのしろ）、庄内、福島の3空港は、現在ANAだけが乗り入れている空港です（2015〈平成27〉年11月現在）。

道東3空港のうち、オホーツク紋別、根室中標津へ向かう便では、羽田から北に向かって本州を縦断したのち、山形の上空付近から機首を北東に向け、岩手県宮古市上空を経て、目的地へ向かっています。

ここでは、根室中標津空港行きの機窓を見てみましょう。洋上飛行を続けてしばらくすると、左側の窓から見えてくるのは、海にするどく突き出した襟裳岬（えりもみさき）です。釧路までは湾曲した地形や、活火山の雌阿寒岳（めあかんだけ）と雄阿寒岳（おあかんだけ）、最終進入時には摩周湖（ましゅうこ）、その先には斜里岳（しゃりだけ）が遠望できるでしょう。

右側席からは、釧路湿原を見られそうです。曲がりくねった川は自然が生み出すアート。緑豊かな夏にも、雪の積もる冬にも目を奪われます。

● 羽田―新千歳間の航空路

凡例:
- 羽田 → 新千歳
- 新千歳 → 羽田

羽田空港離陸後のイメージ

羽田空港と新千歳空港を結ぶ便の航空路のイメージ。日本列島の真ん中あたりを飛行し、山脈地帯の自然豊かな風景が望める路線だ

マメ蔵　**C滑走路**……ANAが使用する第2旅客ターミナル前の滑走路のこと。片端のことを「34R」というが、「34」は磁北（360°）から西に20度傾いた滑走路の方角の頭2ケタを表わし、「R」は2本並ぶ滑走路の右側（Right）を意味する。

機窓の風景②
悩むのは座席選び、北陸ルート

太平洋側と日本海側ではちがった機窓の風景が広がります。東京から北陸へ向かう便は、低高度でアルプスが望める日本横断ルートです。

行きと帰りで楽しみが2倍

　羽田と北陸の3空港（小松、富山、能登）を結ぶ便では、行きと帰りでルートが大きく異なります。

　国内線ではANAが唯一就航している**富山空港**へ向かうルートを見てみましょう。羽田ー富山線は、1日に6往復12便がボーイング737-800で運航されています（2016〈平成28〉年冬ダイヤ）。

　国内線の航空路は、基本的に行きと帰りはほぼ同じですが、羽田ー富山線は例外です。行きは、本州をほぼ一直線に横断するルートを飛びます。一方帰りの便は、離陸してすぐに能登半島を背に新潟へ向けて飛び、佐渡島が見えると右旋回してそのまま直進、福島上空で北から羽田に向かう航空路に合流するのが普通です。

　このルートは距離が短いため、羽田ー富山線の巡航高度は2万8,000ft（約8,400m）が基本です。高度が低く、日本アルプスの絶景は目の前。左右どちらの席も景色は抜群で、さらに行き帰りでちがった風景を楽しめるでしょう。

● 羽田ー富山線の航空路

羽田空港から富山空港までは空港間をまっすぐに横断するルートを通る。八ヶ岳や松本の上空を通って目的地を目指す

北陸地方へのアクセスは、新幹線より飛行機

北陸新幹線の長野ー金沢間が2015（平成26）年春に開業し、東京から富山へは陸路なら2時間あまりでアクセスできるようになりました。それでも、空路のほうが速くて便利。飛行機なら同路線はたった1時間です。

さらにこの便は平均標高3,000mの日本アルプス上空を8,000mくらいの低高度で飛ぶため、山の頂をとても近くに感じられます。とくに晴れた日の朝や夕方には、太陽の光で山が浮かびあがるような神々しい風景が目に飛び込んできます。

左側席の窓からは、離陸後に富士山が見え、南アルプスの山々が続きます。やがて諏訪湖が見えてくると、奥には御嶽山、乗鞍岳、穂高岳、槍ヶ岳と3,000m級の名山が続く飛騨山脈を眼下に見わたすことができるでしょう。

富山に近づくと、立山連峰と黒部ダムを見ながら機体は海に向かいます。富山上空をいったん通りすぎて富山湾に出ると、しだいにゆっくりと高度を下げながら、神通川に沿って空港へと降りていきます。

©BehBeh 2008

富山空港上空からの景色。神通川に沿って富山空港の滑走路が敷設されているのがわかる。神通川では、空港や飛行機を見ながら鮎釣りを楽しむ人も多いのだとか

富山空港……日本で唯一、河川敷に滑走路がある空港。空港に到着して飛行機を降りると、堤防内側の滑走路側から日本一長い約50mの搭乗橋を通って、堤防外側のターミナルビルへ向かう。

機窓の風景③
富士山を眺める西行きルート

東京から西へ向かう便では、富士山が見える方向が座席指定のポイント。それ以外にも見逃せない景色が満載です。

羽田—伊丹線は左側席もおすすめ

　羽田から伊丹へ向かう便は、飛行時間が1時間あまりと短いため、巡航高度は2万8,000ft（約8,400m）と低い高度を飛んでいます。このルートでは、右側席から富士山を近くに望むことができますが、意外にも左側席からの眺めも絶景です。

　伊丹空港への着陸前には、左手に高層ビルが立ち並ぶ大阪市内が一望でき、ビルとしては日本一の高さ（地上300m）をほこるあべのハルカスのほか、コンクリートジャングルが密集した都会の風景が広がるでしょう。

　その一方で、大阪城周辺の緑の多いエリアも見逃せません。空港への着陸直前がシャッターチャンスです。

　伊丹空港は大阪府池田市、豊中市、兵庫県伊丹市にまたがり、大阪中心部へのアクセスが便利なことで人気の空港です。

● 富士山が見える席

羽田	→	福岡	左	羽田	→	熊本	左
福岡	→	羽田	左	熊本	→	羽田	左
羽田	→	伊丹	右	羽田	→	広島	左
伊丹	→	羽田	左	広島	→	羽田	左
羽田	→	那覇	右	羽田	→	小松	左
那覇	→	羽田	左	小松	→	羽田	左
羽田	→	鹿児島	右	羽田	→	長崎	左
鹿児島	→	羽田	左	長崎	→	羽田	左

※航空路は当日の気象条件などによって変わることがあります

羽田空港と地方を結ぶ各路線で、富士山が見える方向。行き帰りで左右同じ場合と、逆の場合があるのでチェックしてみよう

瀬戸内海の風景を望むルート

羽田ー広島線の機窓の景色は、本州の真ん中を通るため、バラエティに富んでいます。伊丹行きとはちがうルートをたどり、富士山が望めるのは左側席でしょう。左側席で**座席指定**してみてはいかがでしょうか。

離陸すると、まず横浜の都会の風景が眼下に広がります。しばらくすると、箱根山や富士山を左手に望み、名古屋や京都の上空を通過していきます。大阪をすぎると、瀬戸内海の風景が広がります。明石海峡大橋や瀬戸大橋、さらに広島の尾道と愛媛の今治を9本の架け橋でつなぐしまなみ海道が見えはじめると、広島空港はすぐそばです。

ANAの羽田ー広島線は、2015（平成27）年11月現在、1日9往復18便が運航されており、地方路線でもとくに需要のある路線です。ボーイング767、777、787、A320の4機材を中心に、早朝や夕方以降は中大型機、午後の時間帯では小型機と、需要に合わせた機材が使用されています。

©Charlie FURUSHO

羽田ー広島線の機窓から見える富士山。行き帰りともに左側席から望むことができるだろう

座席指定……ANAでは、予約時に座席を指定することができる。公式ホームページでは、同社が運航する国内線ルートの空から見える景色が案内されている。左右それぞれの座席で見える景色が異なるため、チェックしよう。

機窓の風景④
西日本の風景を楽しむルート

羽田から九州へ向かう便は、フライト全体を通して西日本各地の風景を望めます。一方、沖縄線では前半と後半に絶景が広がります。

羽田—沖縄線は断然右側席

　羽田から沖縄行きのANA運航便は、大型機のボーイング777をメイン機材に、2015（平成27）年11月現在、1日11往復22便が運航されています。

　このフライトでは、ぜひ右側席からの風景を楽しみましょう。左側席からは、伊豆半島の最南端の石廊崎（いろうざき）を最後に洋上飛行が続くからです。

　右側席からは、離陸してしばらくすると富士山が視界に入ります。その後は紀伊半島先端の潮岬（しおのみさき）まで、焼津や伊勢志摩などの景色が望めます。やがて降下がはじまると、与論島の先に沖縄本島が見えはじめるでしょう。

　那覇空港進入時の風景は、着陸する滑走路の向きで異なります。南風でRWY18（ランウェイ）側から着陸する場合は、名護付近から島の西側をまっすぐに進入しますが、北風の場合は島の東側を通り、右側席から瀬底島（せそこ）のひょうたんの形や平安座島（へんざ）の石油ターミナルを見ながら南下するのが普通です。島の南側にいったん出てから右旋回して北上し、糸満の街並みを見ながら着陸態勢に入ります。

那覇空港上空からの景色。写真では、滑走路の右端が RWY18 で真南の方角を、左端が RWY36 で真北の方角を向いている。南風の場合は RWY18 から真南の方角に離着陸する

阿蘇の絶景アプローチ

羽田から熊本行きのANA運航便は1日5往復10便、ソラシドエアとのコードシェア便がさらに5往復10便運航されています。ルートは西日本の中心を通り、景色は左右どちら側にもそれぞれのよさがあります。

右側席の場合は、木曽山脈や琵琶湖、岡山の吉備高原などの風景が楽しめるでしょう。岡山をすぎて瀬戸内海に出ると、大分の国東半島付近から九州に入り、由布岳や九重の山々を望みながらアプローチをはじめます。

一方で左側席からは、富士山を真下に望み、知多半島や伊勢湾、小豆島などをすぎたあと、石鎚山や四国の最西端で日本一長い佐田岬などを見ながら九州に入ります。しばらくすると、眼下に阿蘇の美しい山並みが現われ、熊本空港を望みながら降下していきます。

阿蘇の絶景は、熊本線の最大の見どころです。雄大な山のふもとには、四角く区画された田んぼなど、のどかな風景が楽しめます。

©Charlie FURUSHO

羽田ー熊本線の機窓から見える阿蘇カルデラ。阿蘇山の中核として東西に一列に並ぶ高岳、中岳、根子岳、烏帽子岳、杵島岳の阿蘇五岳だ

マメ蔵 **RWY（ランウェイ）18**……滑走路で、両端に2桁の数字が表示される。磁北を360°として時計回りに真東が90、真南が180、真西が270で、最初の2桁を取る。那覇空港は18と36で、18は真南の方角に進入する滑走路を示す。

日本からの就航都市数No.1 国際線ネットワーク

ANAの国際定期便デビューは1986（昭和61）年。創業34年目にして念願を果たし、いまでは日本一の国際線路線数をほこります。

世界39都市に就航するANA

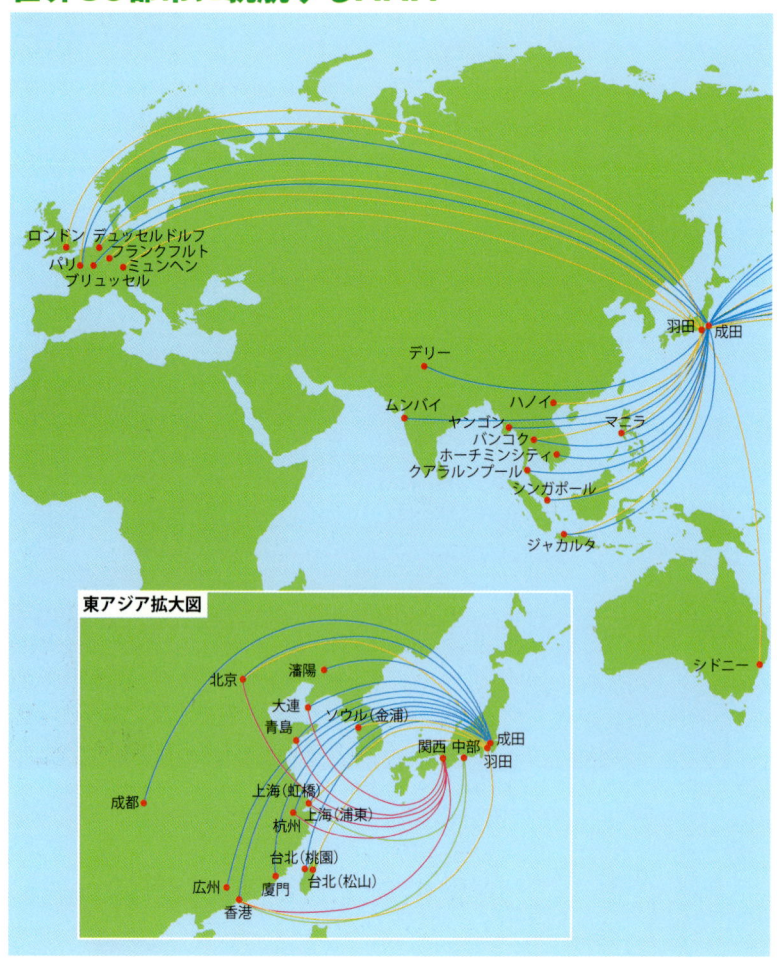

ロンドン デュッセルドルフ
フランクフルト
パリ ミュンヘン
ブリュッセル

デリー

ムンバイ ハノイ
ヤンゴン マニラ
バンコク
ホーチミンシティ
クアラルンプール
シンガポール

ジャカルタ

羽田 成田

シドニー

東アジア拡大図

北京 瀋陽
大連 ソウル（金浦）
青島
関西 中部 成田
羽田
成都 上海（虹橋）
上海（浦東）
杭州
台北（桃園）
広州 厦門 台北（松山）
香港

ますます広がるANAの国際線

　ANAは毎年、国際線ネットワークを拡大しています。国内航空会社として単独で乗り入れている都市も多く、とくに欧州ドイツのミュンヘンやデュッセルドルフ、ベルギーのブリュッセルなどの路線が人気です。

　また、米国テキサスのヒューストンへは、国内エアラインとしてはじめての直行便を2015（平成27）年6月に開設しました。ここから乗り継ぐことで、アメリカ南部や中南米の主要都市へのアクセスが実現しました。

バンクーバー
シアトル
サンフランシスコ　シカゴ　ニューヨーク
サンノゼ　　　　ワシントン D.C.
ロサンゼルス
ヒューストン .
ホノルル

©russavia　2009
シカゴ・オヘア国際空港

©Aries Liang　2012
ノーマン・Y・ミネタ・サンノゼ国際空港

羽田
成田
中部
関西

国際線の路線と航空路①
～北米編～

成田－グアム線で1986（昭和61）年に国際線デビューして以来、
ANAの海外ネットワークは北米路線がリード役を果たしてきました。

北米路線はボーイング777-300ERがメイン機材

　ANAの国際線ネットワークの礎は、北米路線です。ロサンゼルスおよびワシントンD.C.線は、ANAが国際定期路線をはじめて就航した1986（昭和61）年当時から存在し、安定した需要があります。

　大都市であるロサンゼルスへは成田空港と羽田空港の2空港からデイリーで、ニューヨークとシカゴへは成田空港から**ダブルデイリー**で運航しています。

　このほか、アメリカ西海岸のシアトル、サンフランシスコ、サンノゼに加えて、テキサスのヒューストンやカナダのバンクーバーと、合計9都市に就航。この先の各都市へは、1998（平成10）年に提携したアメリカ大手航空会社のユナイテッド航空の乗り継ぎ便でのアクセスが便利です。

　北米路線の使用機材は、ボーイング777-300ERの大型機材が中心で、サンノゼ、シアトル、バンクーバー線には787-8と-9が使用されています。

● 成田―ワシントン D.C. 線の航空路と北米の就航地

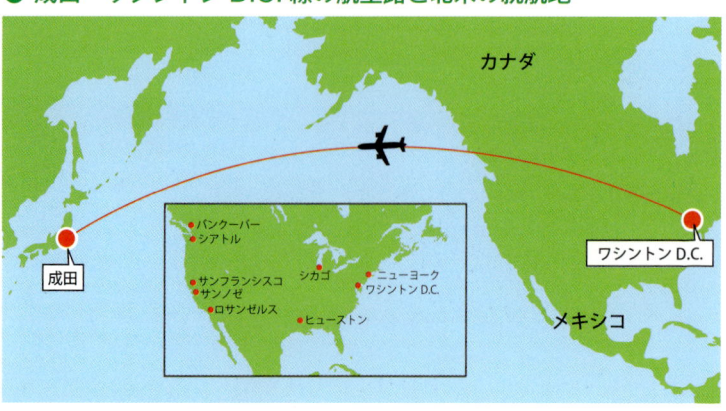

ANA の北米路線は 9 都市に就航。ルートはアラスカ付近上空や太平洋上空など、季節によって異なる

オーロラが見える冬の北米路線

航空会社では、一般的に「001」や「002」のような便名を古くからの路線につけることが多く、ANAでも成田ーワシントンD.C.線が該当します。この便は、ANAが運航する飛行時間がもっとも長い便で、帰国便は14時間10分にもおよびます。

冬には左側席に乗ってみてください。その日の天気によって、太平洋を渡るルートのこともありますが、なんと、オーロラを見られるチャンスがあるのです。

離陸すると、千葉県銚子の犬吠埼あたりから太平洋上へと抜け、北東へと針路を取って、出発から約7時間でアンカレッジ上空にさしかかります。

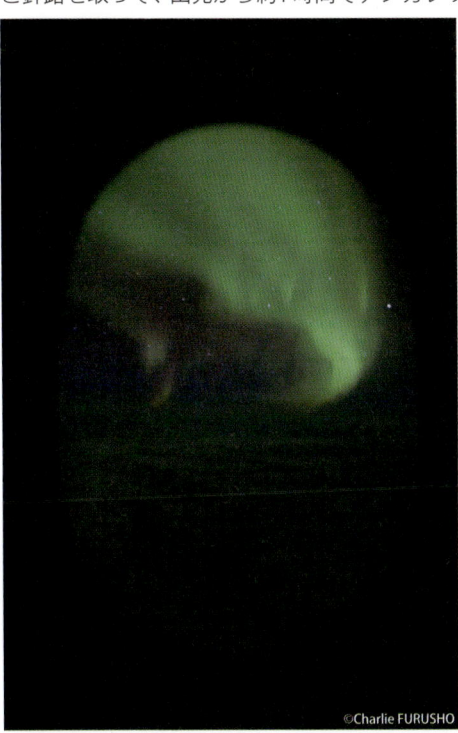

©Charlie FURUSHO

運がよければ、1時間ほどオーロラを観察しながら、飛行機はアラスカからカナダへと南下していきます。カナダのオンタリオ州の上空を飛行し、トロントの街やCNタワーを望み、さらに東へ進むと、五大湖のミシガン湖やシカゴの街などが眼下に広がることでしょう。

着陸直前に見えるのは、D.C.観光では外せない、航空ミュージアムの「Steven F.Udvar-Hazy Center」です。

成田ーワシントンD.C.線では、冬季に運がよければオーロラが見えることも

マメ蔵 mamezou

ダブルデイリー……1日2便が運航されることをいう。需要の高い路線に設定され、北米路線では成田ーニューヨーク線と成田ーシカゴ線が対象で、毎日午前と午後の2便がそれぞれ成田を出発する。

国際線の路線と航空路②
〜中南米編〜

スターアライアンス加盟の航空会社とのコードシェアで、直行便のない中南米へのネットワークを拡充しています。

中南米へはヒューストン経由が便利

　中南米へは、**ユナイテッド航空**などのスターアライアンス加盟航空会社によるコードシェア便や乗り継ぎ便を利用してアクセスが可能です。経由地はサンフランシスコやロサンゼルスのほか、2015（平成27）年6月に就航したヒューストンなどで、路線網がますます拡大しています。

　ユナイテッド航空とのコードシェア便は、メキシコの主要7都市やブラジルのサンパウロとリオデジャネイロへ就航。ブラジルは、2020（平成32）年東京オリンピックにつながる2016（平成28）年のオリンピック開催国であるほか、多くの日本企業が進出するなど、日本との関係の深い国です。

　さらに、2015（平成27）年10月にはコロンビアを拠点にするアビアンカ航空とも提携し、米国および英国を経由して、コロンビア、エルサルバドル、グアテマラ、ホンジュラスの4カ国へもANAの便名で渡航できるようになりました。

● ヒューストンからの就航地

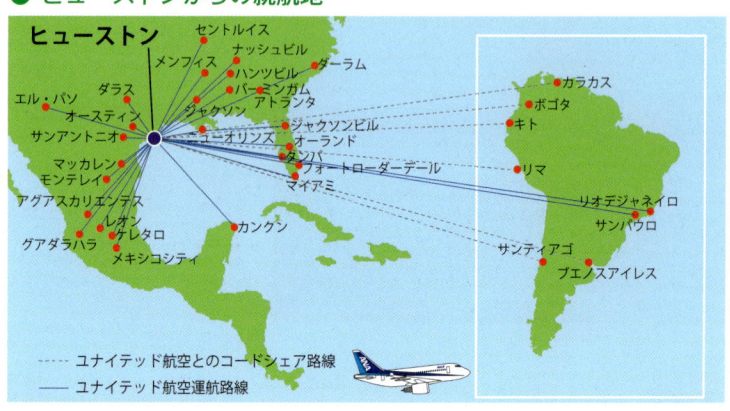

ユナイテッド航空とのコードシェア便やユナイテッド航空便への乗り継ぎで、ますますネットワークが広がる

中米のリゾートへもANA便で

　ANAがヒューストンに就航してから、メキシコ最大のリゾート地であるカンクンへのアクセスが、さらに便利になりました。成田からカンクンまでの総所要時間は最短で約15時間30分です。

　成田ーヒューストン線は、太平洋を洋上飛行したあと、ロサンゼルス上空付近からアメリカ大陸に入り、南西部を横断してテキサスへと向かいます。飛行ルートは、アリゾナやエル・パソというアメリカとメキシコの国境に接する都市などで、テキサスの中部に位置するサンアントニオやオースティンなどの大都市を右手に見ながら空港に向けて降下していきます。

　ヒューストンからカンクンへは、メキシコ湾を一直線に南下します。カンクンは、カリブ海沿岸に突き出たユカタン半島の先端に位置し、世界遺産のチチェン・イッツァやトゥルム遺跡などがあります。ブルーに透きとおった珊瑚礁のあるビーチが、年間300万人を超える観光客に大人気です。

©Charlie FURUSHO

成田ーヒューストン線の機窓の景色

ユナイテッド航空……シカゴに本拠地を置くアメリカ最大の航空会社。ANAとはジョイントベンチャーのパートナーで、路線や便数、運航時間帯、共同運賃の設定など、双方のメリットとなるような協議が行なわれている。

国際線の路線と航空路③
〜ヨーロッパ編〜

欧州線は、北米路線に次ぐANAの人気路線で、大型機材である777-300や最新鋭中型機の787-8/-9を使って運航しています。

ドイツ路線は毎日3都市4便を運航

　ANAの欧州路線は、イギリス、フランス、ドイツのほか、2015（平成27）年10月に就航したベルギーのブリュッセルの4カ国6都市へ就航しています。

　従来は成田発着便がほとんどでしたが、2014（平成26）年の夏ダイヤから羽田発着便が増え、現在ではロンドン、パリ、フランクフルト、ミュンヘンへは、羽田から運航しています。

　なかでも路線が充実しているのはドイツで、フランクフルト、ミュンヘン、デュッセルドルフの3都市に直行便を運航。フランクフルトへは羽田からのダブルデイリーで、毎日4便でドイツと直結しています。

　機材面では、ロンドン線およびフランクフルト線の1便に、ファーストクラスやプレミアムエコノミーを含む3クラス編成のボーイング777-300ERを導入し、そのほかの路線では次世代機のボーイング787-8/-9により運航しています。

● 羽田─ロンドン線の航空路とヨーロッパの就航地

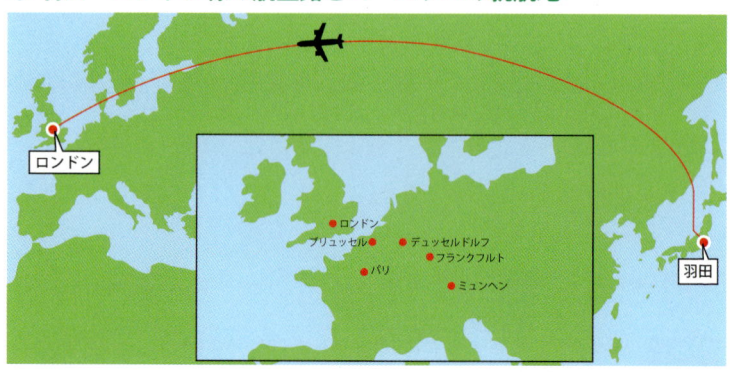

ANAのヨーロッパ路線は、4カ国6都市に就航。飛行ルートはロシア上空を通り、北欧から南下しながら目的地へと向かう

ロンドン市街を上空から見わたす

　ロンドン線の開設は1989（平成元）年。当時は南部のガトウィック空港に就航しました。ヒースロー空港への新規就航が認められたのは1991（平成3）年で、今では**外国人客室乗務員**も乗務する需要の多い路線です。

　ロンドンへの路線では、ロシア大陸を横断したあと、フィンランドの南に位置するエストニアを通り、バルト海の上空を飛行するのが普通です。デンマークとハンブルクのあいだを抜けて、オランダのアムステルダム付近から海上へ入り、しだいに高度を下げます。

　イギリスの陸地にさしかかると、ゴルフコースや公園の緑が多く、しばらくするとロンドン市内の整然とした街並みが見えてくるでしょう。市街地の真上を飛びながら高度を下げ、蛇行したテムズ川に沿ってエリザベス・タワー（通称ビッグ・ベン）やヨーロッパ最大の観覧車であるロンドン・アイ、トラファルガー広場などが望める絶景ルートです。

©Charlie FURUSHO

羽田ーロンドン線の機窓の景色

外国人客室乗務員……2001（平成13）年にANA初の外国人客室乗務員を採用し、ロンドンを拠点に、成田ーロンドン・パリ線での乗務を開始した。現在はANAの欧州全路線に外国人CAが乗務する体制となっている。

国際線の路線と航空路④
～アジア編～

日本から近距離エリアにあるアジア方面へは、毎日膨大な数の便が運航し、その利用者数もANAの国際線路線でトップクラスです。

便数・利用者数ともにトップ

　アジアの地域へは、ANA便として毎日約50往復100便が24都市へ就航しています。なかでも、上海浦東国際空港へは、成田・羽田・名古屋・関西の4空港から毎日7往復14便と、ANAの国際線路線でいちばん多くの便が行き交い、香港国際空港へも4空港から5往復10便が毎日運航しています（2015〈平成27〉年11月現在）。

　そのほかに需要の多い就航都市は、成田と羽田の両空港から運航するバンコクとシンガポールです。各空港からダブルデイリーで運航されているうえに、ボーイング787と777の中・大型機材が使用されています。

　中国の最大都市である北京には、羽田と成田に加えて関西からも就航しています。北京はANAが中国路線をスタートした1987（昭和62）年当時から続く路線で、中国への定期便初便は、成田から大連を経由して北京へ向かう便でした。

● 羽田―上海線の航空路とアジアの就航地

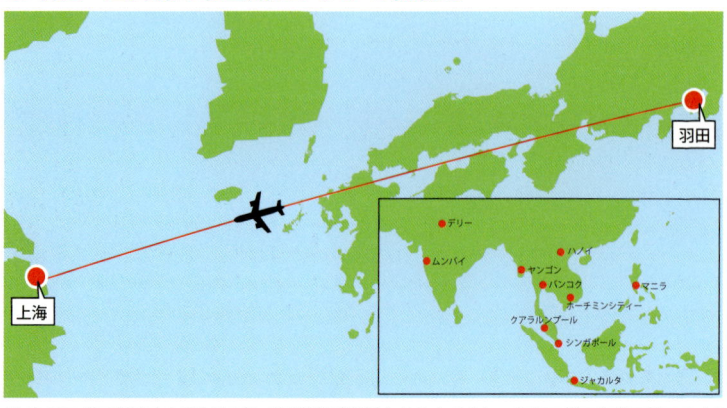

ANAのアジア路線は中国や韓国などの近距離線はもちろんのこと、東南アジアや南アジアの10都市にも就航

中国線といえばANA

　成田空港の**第2滑走路**が2002（平成14）年に利用開始されるとともに、ANAは近距離アジア路線を大増便しました。当時の週32便往復64便が、週88往復176便へと一気に増え、「中国線といえばANA」といわれるようになりました。

　現在ANAの中国路線でもっとも利用者数が多い成田ー上海（浦東）線は、1993（平成5）年に開設されました。北京、大連に続く中国で3番目の乗り入れ都市で、いまや年間約35万人を運ぶ、需要の高い路線です。

　上海浦東国際空港へのルートは、羽田空港を出発したあと富士山の上空を飛び、本州を南下しながら名古屋、京都、瀬戸内海、福岡、長崎上空を通りすぎます。その後、東シナ海を飛行して、中国大陸へと直進するのがおもなルートです。

　同空港は、アジア最長の「長江」の河口付近に位置し、着陸前には右手に崇明島という沖積島が見られるでしょう。上海の中心部からは約30kmの場所で、このあいだをリニアモーターカーがわずか7分で運行しています。

©Bergmann 2008

上海浦東国際空港にはターミナル1（手前）とターミナル2（奥）があり、ANAはターミナル2を利用。ターミナル間には、まっすぐ延びた線路とリニアモーターカー乗り場が見える

マメ蔵

第2滑走路……日韓ワールドカップに間に合うよう、計画より短い2,180mで運用が開始。当初は小中型機による国内線・近距離国際線の離着陸に限られたが、2009（平成21）年からは2,500mに延長された。別名B滑走路。

国際線の路線と航空路⑤
〜オセアニア・太平洋編〜

オセアニア・太平洋エリアでのネットワーク拡充もはじまりました。
シドニー線の復活などで今後期待される地域です。

これからが期待のオセアニア路線

　成田―グアム線は1986（昭和61）年に開設した記念すべき国際定期便の初路線でした。現在はユナイテッド航空のコードシェア便でグアムにアクセスできます。

　豪州へはじめて乗り入れたのはグアム線就航の前年で、当時は**45/47体制**により、国際チャーター便としてパースに運航していました。豪州最大の都市であるシドニーには国際定期便として1987（昭和62）年に就航しましたが、当時は需要が低く、他社とのコードシェア便を経て、とうとう路線打ち切りの結末を迎えてしまいました。

　近年、日豪間の訪問者数は過去5年間で増え続け、現在毎年30万人以上が渡航しています。ANAは需要を見越して、2015（平成27）年12月に16年ぶりにシドニー線を復活させました。羽田から毎日1往復2便をボーイング787-9で運航します。羽田を夜出発して早朝に帰国するというダイヤで、国内各地からの乗り継ぎが便利なほか、シドニー以遠へもコードシェア便でのアクセスが可能です。

● 羽田―シドニー線の航空路

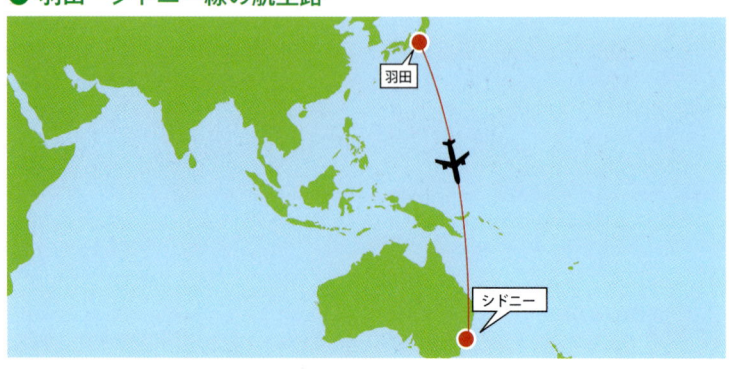

羽田―シドニー線は、毎日1往復2便を運航している

ハワイ線は名古屋からはじまった

ANAのハワイ初就航は1991（平成3）年で、名古屋ーホノルル線が週に3往復6便、ボーイング747SRによって運航されました。

当時は日米航空交渉の難航により新たな米国路線が認められず、ようやく決まった路線で、名古屋とホノルルの両空港にとって、ANAによる国際定期便の就航は、はじめてでした。

ホノルルへ向かう航路では、日本を出発するとすぐに太平洋の洋上飛行に入ります。6時間ほど飛ぶと、ようやく見えてくるのはハワイ諸島です。最北端に位置するカウアイ島の上空を通り、やがてオアフ島が近づくと、左側席では南西部のカポレイやパールハーバーなどを眼下に望みながら空港へとアプローチするでしょう。

帰国便でも、たいてい左側席からホノルル市街やワイキキビーチ、ダイヤモンドヘッドなどが見えるため、往路復路便ともに左側席がおすすめです。

©BotMultichillT 2007

ホノルルから日本に戻る機内の左側席からは、ダイヤモンドヘッドの火口の様子が見える。直径約1kmの巨大な円形の火口は迫力満点だ

45/47体制……1972（昭和47）年に発動された航空会社の事業割り当てを決めた日本の政策で、当時の国際線事業は日本航空に限られたため、ANAはチャーター便として国際線路線を運航していた。

国際線の路線と航空路⑥
～アフリカ編～

アフリカを代表するエチオピア航空や南アフリカ航空のほか、欧州エアラインとのコードシェアにより、路線網が拡大しています。

アフリカ路線の拡大

　ANAのアフリカへの直行便はありませんが、現在エチオピア航空や南アフリカ航空などとのコードシェアにより、ケニア、南アフリカ共和国、エチオピアの3カ国6都市に乗り入れています。

　南アフリカのヨハネスブルグへは、成田から香港を経由し、南アフリカ航空のコードシェア便で直行しています。最短の総所要時間は約19時間30分。復路便では、ルフトハンザドイツ航空との共同運航便でフランクフルトを経由し、自社便で帰国するルートもあります。

　ANAは、アフリカへの路線網の拡大も視野に検討しています。2015（平成27）年に就航した成田ーブリュッセル線を活用し、アフリカ路線を多く就航する**ブリュッセル航空**とのコードシェアを進めています。2016（平成28）年はじめから、北アフリカなどの大都市を中心にネットワークが広がります。

● 成田—香港線の航空路

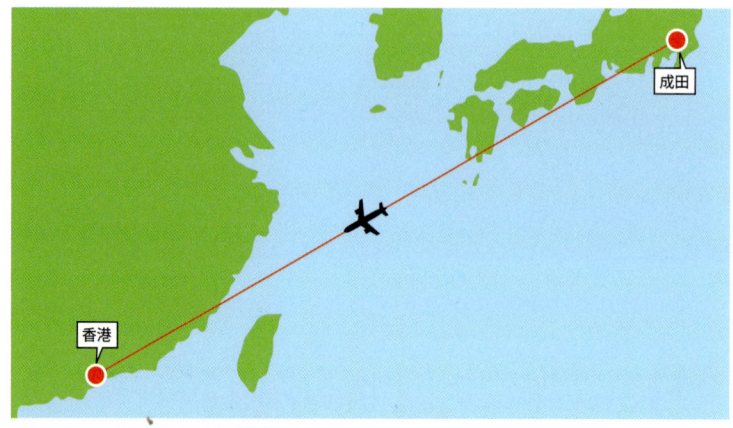

成田からヨハネスブルクへは香港を経由していく

香港から南アフリカへの直行便

南アフリカ・ヨハネスブルグへは、ANA便で香港を経由する、南アフリカ航空とのコードシェア便の組み合わせが便利です。

成田から香港へは約5時間のフライトで、名古屋や奈良、四国の南部や九州の宮崎や鹿児島などを通り、左手に台湾を見ながら、中国大陸の東岸を飛行して香港へと向かうのが普通です。

香港からは、南アフリカ航空に乗り継ぎ、いよいよアフリカをめざします。フライト時間は約13時間で、離陸後すぐに海南島上空を通り、ベトナムやラオス、タイの上空を横切ったあと、スリランカの南を抜けるルートです。

インド洋に浮かぶモルディブ共和国付近の上空を飛び、マダガスカルを抜けると、モザンビーク共和国の上空からアフリカ大陸に入り、ヨハネスブルグのO・R・タンボ国際空港へと到着します。

● 香港—ヨハネスブルグの航空路

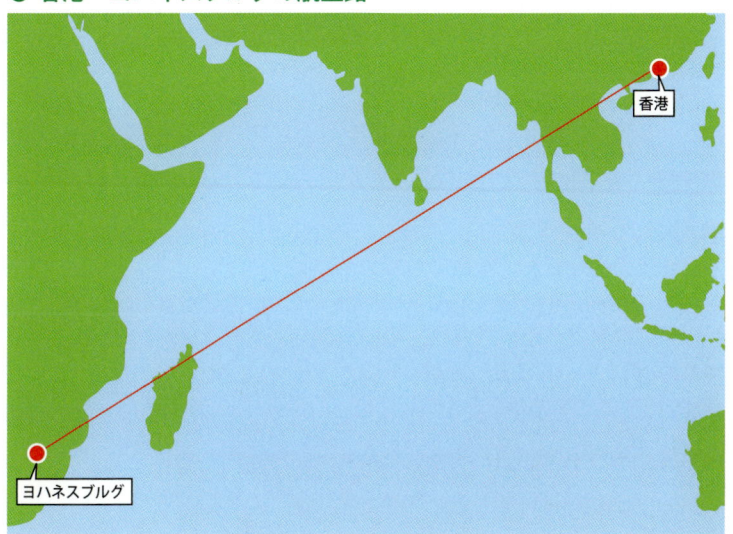

香港からヨハネスブルクへは、東南アジアやインド洋の上空を通り、一直線のルートを通る

ブリュッセル航空……ブリュッセル国際空港をハブ空港とする、ルフトハンザグループの航空会社。豊富なネットワークを構築し、ANAがブリュッセルへの直行便を就航したことで、欧州全域への渡航も可能となった。

こんなにある！
ANA系のエアライン

ANAの関連会社は合計7社。その事業形態はFSC（フル・サービス・キャリア）からLCC（格安航空会社）まで多岐にわたります。

■エアージャパン

成田を拠点として、ホノルル線をはじめとした国際線旅客便と、沖縄ハブを中心にアジア各都市を結ぶ貨物便をボーイング767型機で運航する。

> 1990（平成2）年設立
> ANA HD 100%出資
> FSC

旧塗装には全日空の社名のほか、トリトンブルーのラインに「AirJapan」と描かれていた

■ANAウイングス

北海道から沖縄まで全国のローカル路線を、ボンバルディアDHC8-Q400やボーイング737型機の小型機で運航。ANAの国内線の約3割を担い、MRJ（三菱リージョナルジェット）を運航するのもこの会社だ。

> 2010（平成22）年設立
> ANA HD 100%出資
> FSC

エンジンにイルカが描かれた737-500は「スーパードルフィン」の愛称で知られる

■バニラ・エア

　成田を拠点として、国内外のリゾート路線をメインに運航する。機材はすべてエアバスA320。当初は「エアアジア・ジャパン」として発足した。

2011（平成23）年設立
ANA HD 100%出資
LCC

©Chihaya Sta 2015

黄色と水色が基調のさわやかな塗装は、リゾート路線のイメージにぴったり

■Peach（ピーチ）

　関西を拠点とし、2011（平成23）年に設立した日本初のLCC。エアバスA320の単一機材で国内外に運航し、独自経営を行なう。

2011（平成23）年設立
ANA HD 38.67%出資
LCC

©Laurent ERRERA 2013

鮮やかなピンクと紫の2色使いのかわいらしい機体は、若い女性に大人気

グループ全体の貨物事業を統一
新生「ANA Cargo」

広大なネットワークをもつANAグループは、その路線網と旅客機の貨物室、貨物専用機を駆使して、あらゆるニーズに応えます。

貨物事業は沖縄が起点

ANAの貨物専用機は、夜間と昼間で異なるルートを結ぶ。夜間は沖縄をハブに国内4拠点とアジア各都市を結び、昼間は成田・関空からの直行便を就航している

ニーズに合わせた貨物輸送

　貨物事業会社「ANA Cargo」は2014（平成26）年に始動しました。
　貨物専用機と旅客便の貨物スペースの双方を活用できるコンビネーションキャリアならではの充実したネットワークにより、さまざまな利用者のニーズに対応しています。
　全国各地から旅客便で運んだ貨物を、いったんハブである沖縄で貨物機に積み替え、そこからさらに目的地へ運ぶ方法が取られています。

沖縄から飛行時間4時間圏内にアジアの主要都市がほとんど含まれている。そのため、まず沖縄に運び、そこからアジアの別地域に運んでいる

©Tokio-Narita 2012

4時間でアジアの主要都市へ　沖縄のハブ化

日本の南に位置する沖縄は、じつはアジアの中心。ANAはその絶好の地理を利用し、夜間帯に効率よく貨物を輸送しています。

独自の沖縄貨物ハブ

　ANA Cargoは、貨物の輸送に特化した24時間体制の**ハブ**拠点を沖縄に設置しています。便数の多い首都圏の空港をハブと位置づけるのはよくあることですが、那覇空港を選ぶエアラインはANAのほかにありません。

　沖縄の地理的な利点は、アジアの中心に位置し、ほとんどの主要都市へ約4時間でアクセスできることです。

　日本を含むアジアの主要都市を22～24時に出発する運航スケジュールでは、沖縄への到着便は朝の3時半ころにピークを迎えます。このころ、空港には貨物機が10機近く並び、ここで貨物の積み替えが行なわれると、5時前後には日本各地やアジア諸国へ向かって再出発するのです。

　深夜や早朝に出発する貨物ハブを置くことで、生鮮食品なども翌朝には現地へ届けることが可能になったため、送り主と荷主の両方によろこばれています。

那覇空港は国内幹線空港のひとつであり、年間の発着回数は羽田空港、成田国際空港、福岡空港につぐ多さだ

夏季限定の沖縄深夜便

　夏休み期間には、旅行ニーズの高い路線が増便されます。なかでも、羽田―那覇線には、2014（平成26）年7月18日〜8月31日の間、ANAの国内線初となる深夜の旅客便を設定しました。

「ANAギャラクシーフライト」として、毎週月曜日（日曜深夜）を除く週6便を運航。羽田発は深夜0時、那覇発は早朝4時40分の運航スケジュールで、朝に東京を出発する通常旅客便とくらべると、現地での時間を有効に使える設定です。

　従来は、当日の運航を終えた旅客機を貨物便として運航していましたが、夏休みに旅客を取りあつかうことで、客室をムダにすることがなくなりました。

　また、貨物は機体の床下を活用して運ぶため、利用者の手荷物を預けられるスペースが限られています。それゆえに販売座席数も制限され、機内スペースはゆったり。人気を博し、2015（平成27）年には通常の旅客便として就航しましたが、ギャラクシーフライトは那覇に貨物ハブをもつANAならではの斬新な発想から生まれた一例といえます。

那覇―羽田線で見られるかもしれない空の上からの日の出

ハブ……航空会社が乗り継ぎの拠点として数多くの路線を展開している空港をハブ空港という。自転車の車輪をイメージして、車輪の軸受けのハブ空港から、放射状に運航ネットワークを広げている。

ANAの
航空機のふしぎ

創業当初は、なんと6人乗りの小さな機体でスタートしたANA。現在活躍する機体やこれから導入する11機種を、タイプごとに解説しています。

金属のかたまりがなぜ？
飛行機が空を飛ぶふしぎ

飛行機のような金属のかたまりが空を飛ぶ理屈は意外に単純。風と
エンジンをうまく使いこなして浮き上がっているのです。

航空の発展と、空を飛ぶひみつ

　航空の歴史は、ライト兄弟が世界ではじめて有人動力飛行に成功した1903（明治36）年にさかのぼります。当時は人を乗せて1分間飛び続けることさえできなかった技術が、いまでは何百人もの乗客や荷物を乗せて、十数時間連続で飛んでいられるのです。

　飛行機が空を飛ぶのは当たり前――ですが、そのしくみはあまり知られていません。たとえばボーイング787では、機体や燃料、乗客などの重さの合計は約220tにもなりますが、これほどの重量をもつ飛行機が空を飛ぶひみつは、じつは**エンジン**と翼にあるのです。

　エンジンは、飛行機が加速するために重要な役目を果たします。エンジン内部前方にあるファンを回転させ、空気を吸い込み圧縮し、これに燃料を加え燃焼させることで高温のガスをつくります。高温のガスでタービンを高速で回転させます。タービンとファンはつながっており、タービンが高速で回転することでファンも高速で回転し、より大量の空気を吸い込むことができます。

　ファンで吸い込んだ空気を後方に噴出し、その反作用で飛行機を前進させるパワーを生みだしているのです。

エンジンの作業の様子。
内部のファンを高速で回
し、飛行機を動かす力を
生みだしている

翼に風を受けて発生する揚力

　飛行機が飛ぶしくみの第2のポイントは、翼です。主翼の形を見ると、下面はほぼ直線で、上面がふくらんで、ひらがなの「へ」のような曲線をしています。これが「揚力」をつくり出す大事な構造です。

　エンジンがつくり出した推進力で機体が前に進めば進むほど、主翼は風を受けます。この風は翼の上下に分かれて後方へと流れますが、このとき、翼の曲線構造によって、上下を流れる空気の速さに差がでます。

　速く流れる上方の空気の圧力は、遅く流れる下方の空気の圧力にくらべて低くなるため、下から上への力、すなわち「揚力」が発生します。

　エンジンによって機体が加速すればするほど、飛行機は大きな揚力を得て、それが重力を上回ると機体が浮かびあがるしくみです。このように、飛行機は空気の力を利用することで空を飛んでいるのです。

● 翼の構造

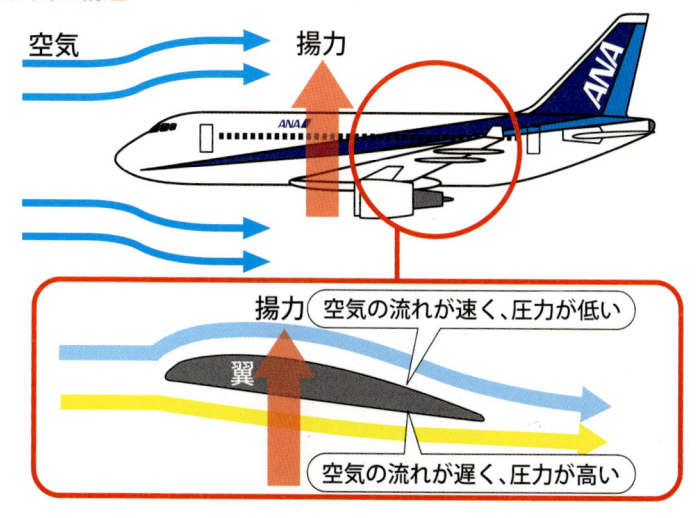

空気　　揚力

揚力　空気の流れが速く、圧力が低い

翼

空気の流れが遅く、圧力が高い

翼の曲線構造によって、翼の上下に流れる空気の速度を変える。上方の圧力が下方の圧力より低くなり、揚力が発生する

エンジン……「ジェットエンジン」と呼ばれる飛行機のエンジンは、内部で燃焼して膨張したガスを後方に吹き出すため、高速に進むことができる。ボーイング747のエンジン1基は2.5万馬力で、4基では10万馬力にもおよぶ。

飛行機を解剖
ボーイング787の全貌

ANAの最新鋭中型機ボーイング787は、従来の飛行機とちがいが多く、航空機の技術の進化を大きく感じる機材です。

大きな窓にレインボーカラーの天井

　ANAが2011（平成23）年に導入したボーイング787の保有数は、787-8と787-9を合わせて、2015（平成27）年12月現在、44機におよびます。しだいに存在感を増す、この最新鋭機と従来の飛行機のちがいを知ることで、搭乗の楽しみが倍増するはずです。

　まず目に見えるちがいとしては、窓のサイズアップです。同じ中型機の767とくらべると約1.3倍に拡大しました。窓の日よけの代わりには電子カーテンが採用され、窓下のボタンを押すと5段階で光量が調節できます。

　また、客室の照明にはLEDが使われています。やわらかな光が気分を穏やかにさせ、夕焼けや夜、夜明けなど、時間帯に合わせて色を変化させることが可能です。乗降時には、天井がレインボーに輝くこともあります。

　外観は、胴体の上下で赤く点滅する**アンチコリジョンライト**を見ると、一目瞭然です。ほかの機体とくらべて光が強く、とくに夜間は目立ちます。翼が鳥のように大きくしなりながら飛んでいるのも特徴です。

©Charlie FURUSHO

胴体の上下に付けられたアンチコリジョンライトは赤く点滅する（↓部分）。より強い光を放つのがボーイング787の機材だ

トリトンブルーはギリシア神話に由来

　ANAのコーポレートカラーといえば「トリトンブルー」で、機体塗装をはじめ、ロゴや乗務員の制服、機内のインテリアなど、ANAの象徴としていたるところで使われています。

「トリトン」は、ギリシア神話の登場人物、海の波と風を鎮める神トリートーンに由来しています。「海」と「空」のちがいはあるものの、空の航行の守り神として、「旅の安全」を願う気持ちをこめて「トリトンブルー」と命名されました。

　このトリトンブルーが最初に登場したのは、創立30周年を迎えた1982（昭和57）年でした。これ以前にモヒカンルックとして使われていたブルーは「モヒカンブルー」とされ、ロゴや塗装にはふたつの色を重ねたラインが使われるなど、ANAのさまざまなシーンで利用されています。

1969（昭和44）年から20年間日本の空を就航した「ANA モヒカンジェット」を限りなく再現した"復刻版"は、2009（平成21）年から2014（平成26）年まで活躍した

アンチコリジョンライト……衝突防止灯とも呼ばれ、胴体の上下に取りつけられて赤く点滅する。周囲の飛行機との衝突を防ぐために存在を示すためのライトで、主翼両端のナビゲーションライトなども同じ役目だ。

ANAの機材構成は ボーイングが主流

ボーイング機中心の飛行機を保有するANAグループですが、中長期的な機材計画では、バラエティ豊かな機材構成を発表しています。

ボーイング機は保有機の8割以上

　現在ANAグループが保有する機材は、下の表に示すとおりです。保有数は日本の航空会社で群を抜く多さで、246機にもおよびます。ボーイング機のほかには、エアバスA320を11機のほか、ボンバルディアDHC-8-Q400を21機保有しています。

　そのなかでも、8割以上を占めるのがボーイング社の機材で、大型機の777シリーズが57機、中型機の787シリーズが44機と767シリーズが52機、小型機の737シリーズが61機といちばん多く、トータルでは214機にもなります。

　ANAは、ボーイング社が新型機の開発を発表するたびに、いち早く導入を決め、767や777シリーズの導入の際には、製造段階から開発に加わってきました。次世代の航空機としても、ボーイングを中心に構成していくことにまちがいありません。

● ANAの保有機材数（2015〈平成27〉年12月現在）

機種名	機　数	座席数
ボーイング 777-300	29	212〜514
ボーイング 777-200	28	223〜405
ボーイング 787-9	9	215〜395
ボーイング 787-8	35	169〜335
ボーイング 767-300	40	202〜270
ボーイング 767-300F	12	貨物専用機
ボーイング 737-800	33	166〜176
ボーイング 737-700	10	38〜120
ボーイング 737-500	18	126
エアバス A320-200	11	166
ボンバルディア DHC-8-Q400	21	74
合計	246	

ANA の保有機材のなかで、もっとも多い機種はボーイング 767-300。唯一、貨物専用機としても活躍する

需要に合わせた機材の選択

　ANAが過去最大となる5機種70機におよぶ発注をしたことを発表したのは、2014（平成26）年3月27日。その内訳は、大型機で現在ボーイングが開発中の777-9Xが20機、777-300ERが6機、中型機の787-9が14機、小型機のA320neoが7機、A321neoが23機でした。

　さらに翌年1月には、787-10を3機、737-800を5機、A321ceoを4機、A321neoを3機と、小型機を中心に機材を追加発注しています。

　これらをすべて導入すると、ANAグループのもつ機材は、777と787が中心となり、さらに小型機は737シリーズやA320/321、**MRJ**、DHC-8-Q400など、複数メーカーによる種類の豊富な機材構成が完成します。

　ANAグループには、「ピタッとフリート」という国内線の需給適合を推進する、新しい考え方があります。保有機材に余裕をもたせたうえで、繁忙期には大型機を使い、閑散期には小型機を使うことで、提供座席数を需給バランスに合わせます。

©Grasshopper2015　2015

ANAが世界に先駆けて導入する予定のMRJは、リージョナルジェットとしておもに国内線での活躍が期待されている

MRJ……Mitsubishi Regional Jetの略で、約50年ぶりの開発となる次世代の国産旅客機。ANAは、世界ではじめてのMRJ運航会社として、積極的に開発に参画している。

胴体延長型の
ボーイング787-9

ボーイング787-8よりも胴体が6.1m延びた787-9は、現在ANAの保有機のなかで最新機材として国内外で活躍しています。

世界初の定期便運航

　ボーイング787-9の定期便を世界ではじめて運航したのはANAでした。記念すべき初路線は2014（平成26）年8月7日の羽田ー福岡線で、同日に羽田ー伊丹線と羽田ー松山線にも使用されました。

　現在運航されているのは、国内線は羽田発着の伊丹、新千歳、福岡の幹線で、国際線では欧米路線を中心とした需要の高い路線です。

　787-9の国際線仕様機は215席と、国内線仕様機の395席とくらべてとても少ない座席配置です。機体の前方半分を48席のビジネスクラスのスペースとしてふんだんに使い、その後ろに21席のプレミアムエコノミー、後方には146席のエコノミークラスが配置されています。すべてのクラスで最新のシートが採用された、注目すべき機材です。

全長　62.8 m
全幅　60.1 m
全高　17.0 m

シアトル・エバレットにあるボーイング工場で製造されて完成した機体は、現地で受領され、ANAパイロットの操縦により日本まで運ばれる

787-8と-9のちがい

　787シリーズには、標準型の-8と、胴体延長型の-9の2機種があります。

　両機のわかりやすいちがいとして、機体を横から見たときに、左からふたつ目のドアの位置がポイントです。

　787-8のふたつ目のドアはANAのロゴのすぐ右に位置するのに対し、787-9では、ロゴの右に5つの窓を挟んでドアがついています。

　787-9は-8より胴体が長いストレッチタイプで、細長くスラリとした印象です。国内線仕様機の座席数は、-8の335席に対し、-9は395席と、60席も多くなっています。

　この機材を導入した際、ANAは国際線の機材で**機内エンターテイメント（IFE）**のシステムを強化しました。

　全クラス共通で導入された「SKY LIVE TV」は、座席前のモニターでNHKやCNNのニュース、スポーツ番組をリアルタイムで視聴できる、ANAが日本ではじめて導入したサービスです。

> **機内エンターテイメント（IFE）**……国際線機材に装備された個人モニターで、好きな時間に好きな番組をオンデマンドで楽しめる。ANAは映画やビデオ、オーディオ番組など350チャンネル以上を提供している。

〈凡例〉

- **G** ギャレー（食べ物の調理や準備をする場所）
- ▼ 非常口
- 化粧室　車いす可
- 化粧室　おむつ交換台つき
- 非常口座席
- 窓なし席
- リクライニングしない席
- アームレストが上がらない席

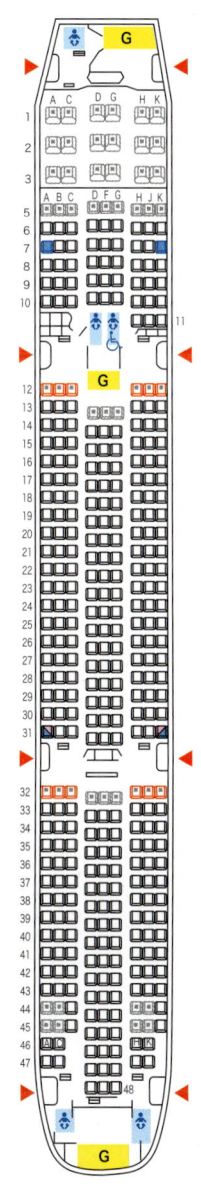

日本の空に戻ってくる
エアバスA321シリーズ

かつてANAで運航されていたエアバスA321が、今度は最新型の
A321neoとして復活。その活躍が期待されています。

存在感を増すエアバス機材

　ANAは、2014（平成26）年7月にA320neoを7機、A321neoを23機、
さらに翌年に追加でA321従来機を4機、A321neoを3機発注しました。

　これにより、現在保有しているA320従来機は11機ですが、今後新た
にA320neoが7機、A321従来機が4機、A321neoが26機、合計37機
のエアバスの機材が順次、仲間入りすることになります。

　かつて運航されていたA321との大きなちがいは**シャークレット**で、
A321neoには標準仕様として、A321従来機にもオプションとして装備
される見込みです。また、エアバス機のエコノミークラスはボーイング機
とくらべて座席幅が1インチ（25.4mm）広く、乗客の快適性が高い設計
です。

　また、A321を含め、A318、A319、A320型機で構成されるA320ファ
ミリーは共通した操縦方式を採用しています。すでにA320の操縦ライセ
ンスをもつパイロットは、A321に特化した差分訓練を受けることで短期
間でA321の資格を取れるメリットもあるのです。

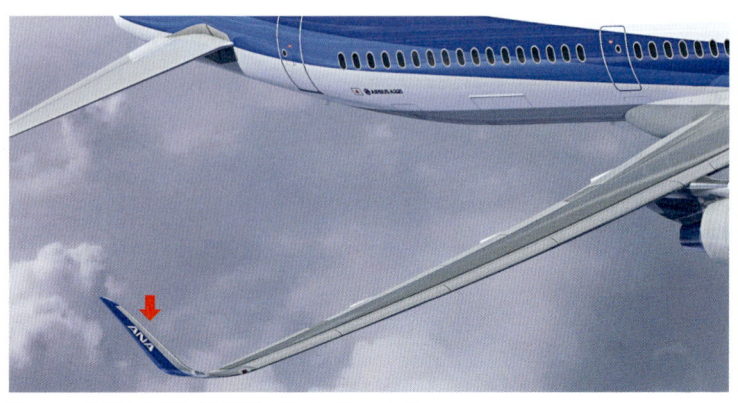

翼についている小さな翼（↓部分）がシャークレットだ

「neo」と「ceo」のちがい

　A320neoとA321neoについた「neo」という名前は、「New Engine Option」の略。これらの機材には、従来のエンジンとくらべて燃料消費の効率がよく、排ガスや騒音レベルが大幅に改善された"新型"エンジンが搭載されています。

　ANAは両機種にPW1100G-JMエンジンを採用しています。同じエンジンを搭載することで、同じ整備方式で効率よく管理できるほか、予備エンジンの準備などの面でも都合がよいのです。

　A321neoは、A320シリーズよりも約7m胴体が長く、標準座席数は2クラス制では185席前後、モノクラスでは最大220席が収容できる機材です。このA321neoが開発されたことにより、従来機のA321はA321ceo（Current Engine Option）と呼ばれるようになりました。

全長　**44.51m**
全幅　**35.8m**
（シャークレット装備機）
全高　**11.76m**

A321の機体はA320とくらべて胴体が約7m長く、スリムな印象を受ける

シャークレット……大型のウイングチップ。83ページで紹介するウイングレットと同じ機能をもつが、ボーイングではウイングレット、エアバスではシャークレットと異なる名前で呼ばれる。

初の国産ジェット旅客機MRJ (Mitsubishi Regional Jet)

いま日本の航空業界を騒がせているのは、初の国産ジェット旅客機。ANAは2018(平成30) 年度の導入に向け、開発に携わっています。

いちばんに発注したのはANA

　MRJの開発は、2008（平成20）年に三菱航空機株式会社が設立されるとともにスタートしました。YS-11につぐ53年ぶりの国産旅客機の開発で、最先端の技術をとり入れた、次世代のリージョナルジェット機といわれています。

　この機体の導入をはじめて決定したのはANAで、世界に先駆けて25機（うち10機が**オプション**）を発注し、ローンチカスタマーとして開発に貢献してきました。飛行試験機の5号機には、ANAのトリトンブルーカラーと、MRJのロゴのコラボレーション塗装がほどこされています。

　ANAの記念すべき初号機の受領予定は、2018（平成30）年度。ボーイング737-500の後継機として最大25機を受領し、リージョナル（地域）の意味のとおり、おもに国内線など近距離路線に投入される予定です。

全長	33.4m ～35.8m
全高	10.4m
全幅	29.7m

©Charlie FURUSHO

2015（平成27）年11月11日に初飛行を遂げた MRJ

念願の初飛行を実施

MRJの初飛行は、当初2011（平成23）年の予定でした。

しかし、設計の変更や製造工程の見直しなどを行なったため、5回にわたって延期されてきました。

ようやく初飛行が実現したのは、2015（平成27）年11月11日です。県営名古屋空港を離陸し、約1時間半のフライトを多くの国民がテレビ中継で見守りました。

現場への立ち入りはメディア関係者に限られ、混雑や事故防止のために名古屋空港の展望デッキでさえも閉鎖されました。

現在は、ANAの技術者が三菱航空機に駐在し、運航や整備に関するノウハウを提供しながら着実に導入準備を進めています。

ANAはエアラインの視点から約600件の改善を提案しています。

座席上の荷物入れを大きくしたり、小柄なアジア人が整備作業をしやすい位置にパネルを設置したりするなど、約6割が採用されています。

©Grasshopper2015　2015

県営名古屋空港での MRJ 試験一号機

オプション……航空機購入の際に追加で仮発注すること。航空機が納入されるまでの期間中に状況が変わる可能性があるため、そのあいだに導入を検討できる。オプション機は、キャンセルすることも可能だ。

国内幹線の主力機
ボーイング777-200と-200ER

ANAは1990（平成2）年に777-200の導入を決め、ローンチカスタマーの1社としてその開発に携わりました。

ボーイングとの共同開発

　現在"トリプルセブン"の愛称で知られるボーイング777を国内ではじめて導入したのはANAでした。

　航空機メーカーのボーイングは、過去に手がけたすべての開発で、導入航空会社の声をとり入れてきましたが、「777」では従来より早い段階で、初期に導入を決めたユナイテッド航空やANAなどのエアラインを開発チームに加え、「ワーキング・トゥギャザー」という思想を本格化しました。

　これはメーカーと実際に航空機を使用するエアラインが一緒になって、仕様を検討しながら開発が行なわれるもので、ANAの技術要員もボーイング社に派遣され、300件を超える提案からいくつもの案が採用されました。

　初号機がデリバリーされたのは1995（平成7）年10月。最初の3機は、垂直尾翼に「ANA」に代わって「777」と大きく描かれ、ひと目で新機材だとわかる特別なデザインがひときわ目立っていました。

全長	63.7 m
全幅	60.9 m
全高	18.5 m

777の主脚（メインギア）には、1本あたり6個（2個×3列）のタイヤがついている。通常は4個のため、横から見たときに3個並んだタイヤが見えると777だと考えてまちがいない

777-200ERは国際長距離線から引退

ボーイング 777-200

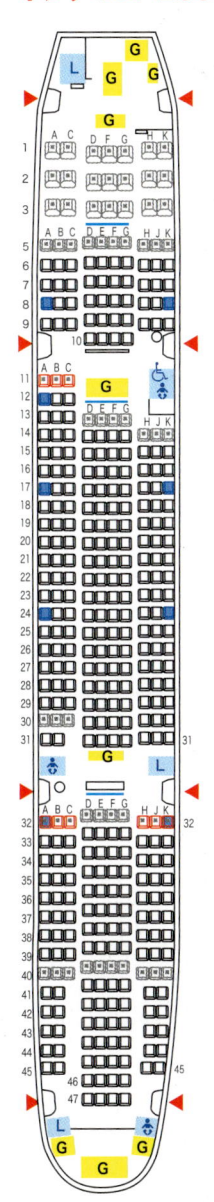

　ＡＮＡでは、かつてボーイング777-200を国内線の主力機としておもに運航しており、航続距離の長い-200**ER**を国際線に投入してきました。

　しかし近年は、777-300ERや787が中長距離国際線の主力機となり、いよいよ世代交代がはじまっています。

　-200ERは、2012（平成24）年ころから国内線でも使われはじめました。-200とともに運航するのは羽田発着便です。

　札幌や大阪（伊丹）、福岡、沖縄（那覇）など、国内の基幹路線のほか、全国の主要空港（関西、神戸、広島、高松、松山、熊本、長崎、鹿児島など）を結ぶ路線に就航しています。

　国際線で777-200ERが投入されているのは、羽田―ホノルル線のほか、中短距離線が中心です。

　欧米路線など、中長距離国際路線の花形舞台からは退きつつある機材です。

ER……「Extended Range」の略で、航続距離延長型を意味する。機材のサイズは通常標準型と変わらないが、異なるエンジンを装備して連続して飛べる距離を延ばし、国際線で活躍することが多い。

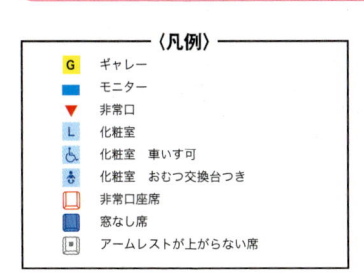

〈凡例〉
- G ギャレー
- モニター
- 非常口
- L 化粧室
- 化粧室　車いす可
- 化粧室　おむつ交換台つき
- 非常口座席
- 窓なし席
- アームレストが上がらない席

長距離路線を支える
ボーイング777-300

ジャンボ機の退役により、777-300は国内最大の旅客機となりました。-300が国内幹線、-300ERがおもに北米路線で活躍しています。

国内線と国際線で大きく異なる座席数

　ANAのボーイング777-300がデビューしたのは、1998（平成10）年7月10日のことでした。777-200よりも胴体が約10m長いこの機体の導入を、ANAは-200に続いて、いち早く決定しています。

　ANAが保有する777-300の仕様は、投入路線によって大きく異なります。国内線が中心の-300は座席数が514席あり、ジャンボが退役した現在は、一度に運べる人数が保有機のなかで最多の機体となりました。国内で需要の多い路線トップ3（28ページ）を中心に投入されています。

　一方で、国際線用の-300ERは212 〜 250席と、総座席数で2倍以上のちがいがあります。

　ANAで唯一、3クラス（ファースト・ビジネス・エコノミー〈プレミアムエコノミー含む〉）のシートを備える機体で、上級クラスの座席にはゆとりあるスペースを設けているからです。この機材は、首都圏と欧米を結ぶ長距離路線を中心に使用されています。

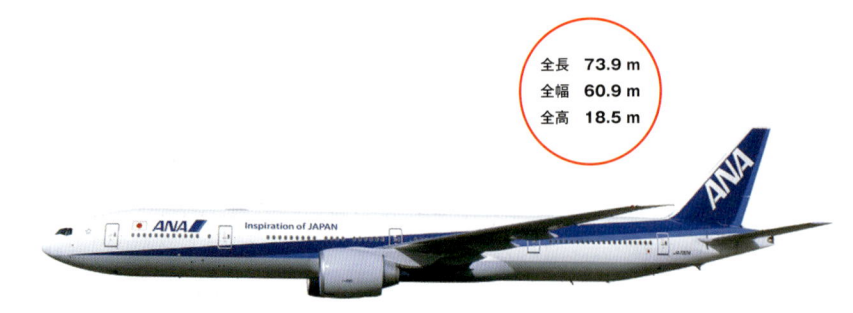

全長	73.9 m
全幅	60.9 m
全高	18.5 m

777-300の全長は73.9mと、ANAの保有機材でいちばん胴体が長い。かつて運航していたジャンボ機をしのぐサイズで、つぎに長い777-200（63.7m）や787-9（62.8m）とくらべても10m以上の差がある

欧米路線だけのファーストクラス

ボーイング 777-300

　国内線を飛ぶ、ボーイング777-300には、プレミアクラスの座席が21席用意されています。

　欧米路線を飛ぶANAの777-300ERには、「ANA FIRST SQUARE」というファーストクラスが導入されています。

　キャビン最前方に全8席が配置されていて、横1列は"1-2-1"の4席。エコノミークラスの客室は10席が横一列に並ぶため、そのちがいは歴然です。

　これは、ANAが2010（平成22）年に発表した新しいサービスプロダクトブランド「Inspiration of Japan（IOJ）」の象徴で、ビジネスクラスの「**ANA BUSINESS ST AGGERED**」や、ANAが世界ではじめて機内に装備したウォシュレットつきトイレなども搭載。777-300ERは、新シートやサービスがいち早く導入される機体なのです。

ANA BUSINESS STAGGERED

ANA BUSINESS STAGGERED
……ANAが2010（平成22）年に導入した新ビジネスクラスシート。「スタッガード」の意味のとおり、たがいちがいの座席配置で、どの席からでも直接通路に出ることができる。

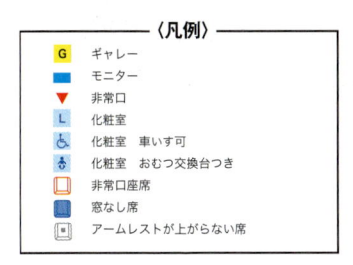

―――〈凡例〉―――
G	ギャレー
■	モニター
▼	非常口
L	化粧室
♿	化粧室　車いす可
🚼	化粧室　おむつ交換台つき
▢	非常口座席
▥	窓なし席
▨	アームレストが上がらない席

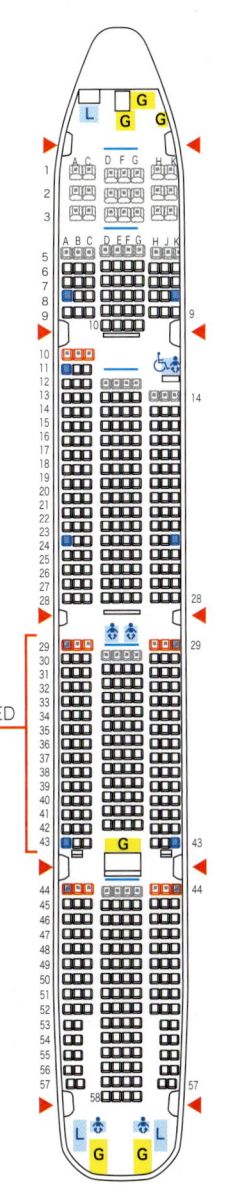

次世代の中心的存在
ボーイング787-8

787-8は、ANAが世界に先駆けて導入した最新鋭中型機です。現在も導入機数は増え続け、存在感はますます高まっています。

次世代の中型ジェット旅客機

ボーイング787は、777につぐ機材としてボーイングが13年ぶりに開発した次世代機で、ANAが世界ではじめて導入しました。

特徴のひとつは、従来の旅客機に使用されてきたアルミ合金に代わるカーボンファイバー（炭素繊維）の複合材が、ボディや主翼に使われていることです。これによって機体重量が軽量化したため、燃費効率が向上したのも大きなポイントです。

また、機体の3分の1以上を日本企業が製造することでも話題となりました。日本国内でつくられた主翼や胴体の一部などの主要パーツは、「ドリームリフター」と呼ばれる部品輸送専用機によって、中部国際空港（セントレア）から米国シアトルのボーイング工場へ空輸されています。

このほか、従来機よりも機内の気圧と湿度が地上の環境に近づいたことで、乾燥や耳の違和感が減るなどのメリットもあるのです。

全長　56.7 m
全幅　60.1 m
全高　16.9 m

787の機体に装備されたエンジンのジェット排出口は、ギザギザの形状になっている。これは排気流やエンジンの周りを流れる空気との混合を最適化し、騒音を軽減するためのものだ

国内線で787に乗れるのはANAだけ

　現在787の機材を運航している会社は多数ありますが、日本の国内線でこの飛行機に乗れるのはANA便だけ。羽田を出発する西日本への路線などに投入されています。

　国際線では現在パリやミュンヘン、ブリュッセルなどの路線に使用され、787の海外運航路線はしだいに増えてきています。

　787の国際線仕様機は169〜240席と、長距離国際線をメインに投入される777-300ERよりも最大で100席程度少ない仕様があります。

　中型機ながら**航続能力**をもつのが特徴で、これまでは大型機でしか飛べなかった長距離路線にも、787で路線が展開できるようになりました。

　2012（平成24）年度に新規開設されたシアトル線や、サンノゼ線などは、まさに787が導入されてから実現した路線といえるかもしれません。

　航続能力……一度に搭載できる燃料で航空機が継続して飛べる能力のこと。787は複合材による軽量化とエンジン性能の向上で、同じ中型機の767より格段に航続距離が長く、国際線仕様機は最大1万4,800kmにもおよぶ。

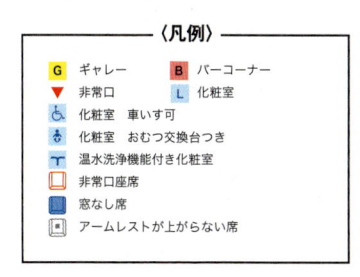

〈凡例〉

- **G** ギャレー
- **B** バーコーナー
- ▼ 非常口
- **L** 化粧室
- 化粧室　車いす可
- 化粧室　おむつ交換台つき
- 温水洗浄機能付き化粧室
- 非常口座席
- 窓なし席
- アームレストが上がらない席

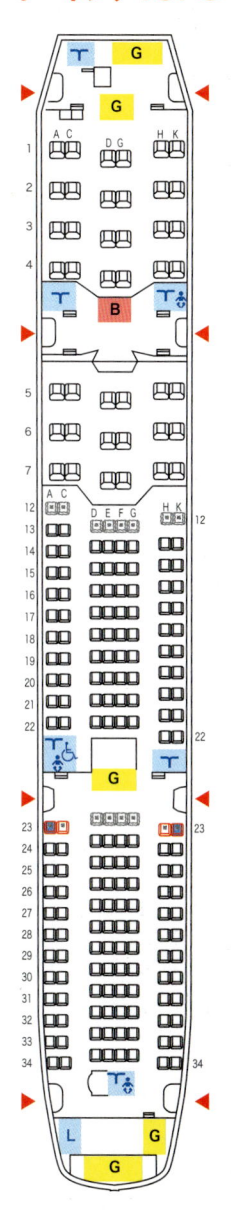

あらゆる路線で活躍
オールマイティのボーイング767

ANAは767シリーズを日本ではじめて導入し、これまで100機近くの機体を運航。30年以上飛び続けるベテラン機です。

世界最大級のオペレーター

"元祖ハイテク旅客機" とも呼ばれるボーイング767をANAが導入したのは、1983（昭和58）年でした。当初は-200を導入し、これと同時に機体が現在の標準塗装である「トリトンブルー」に塗り替えられました。

その後も胴体が約6m延びたストレッチタイプの-300が1987（昭和62）年に導入され、羽田と伊丹や福岡を結ぶ一部の幹線や、秋田や広島、高松などの路線に就航しています。

国際線の機材としては、航続距離延長型の-300ERが1989（平成元）年に就航し、今ではホノルル線など中距離路線やアジア方面の路線での主力機となりました。

導入から30年以上の間に、ANAの767の保有機数が世界一をマークしたこともありました。いまも現役で運航を続け、国内線から国際線まで幅広くANAの路線を支えるベテラン機です。

全長　54.9 m
全幅　47.6 m
全高　15.9 m

767の胴体の内径は約4.7mで、相撲の土俵の内径とほぼ同じ大きさだ。777の内径5.86mとくらべて1m近くちがい、セミワイドボディと呼ばれる

国内で国際線ビジネスクラスを体験

ボーイング 767-300

　国内線でありながら、国際線のビジネスクラスのシートに乗れる特別な便があります。羽田と関西を結ぶ始発便と最終便で、機材変更の可能性はあるものの、たいてい767-300ERで運航されています。

　国内線を飛ばすのは機材を有効活用するためで、羽田から関西へ到着したあとに海外のアジア路線を飛び、折り返して関西に到着後、また羽田へ戻るダイヤが設定されています。

　767は**セミワイドボディ機**といわれ、ほかの中・大型機とくらべて胴体がスリム。横一列に並べられるエコノミークラスの座席数は、２本の通路をあいだにはさんで2-3-2の７席で、777の10席、787の９席より少なくなっています。

　また、国際線のビジネスクラスや国内線のプレミアムクラスの座席は、2-1-2と横５席で、とくに真ん中のソロシートが人気です。

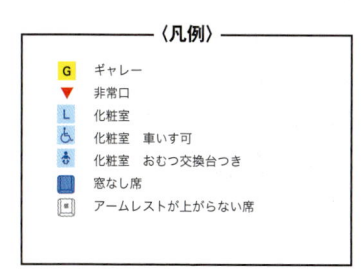

セミワイドボディ機……旅客機の客室が１本通路の機体を「ナローボディ機」というのに対し、２本通路機体を「ワイドボディ機」と呼ぶ。767のように機体幅が狭く、横一列に並べられる座席数が少ない機体をこう呼ぶ。

〈凡例〉

G	ギャレー
▼	非常口
L	化粧室
♿	化粧室　車いす可
🚼	化粧室　おむつ交換台つき
■	窓なし席
▣	アームレストが上がらない席

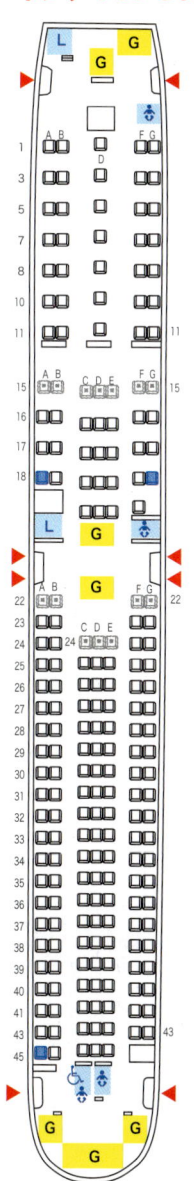

ローカル線を飛び回る ボーイング737

737がはじめて導入されたのは、いまから50年近く前のことでした。現在も地方路線の主力機として各地を飛び回っています。

国内で活躍する小型機

ANAは、クラシックタイプのボーイング737-200を1969（昭和44）年に導入しました。初号機は当時の新塗装のモヒカンルックで羽田空港に現われ、それ以降しばらくは、これがANA機の通常塗装となりました。

現在737は国内のローカル線をメインに就航していますが、当時は、羽田—伊丹線と伊丹—福岡線の基幹路線に就航し、しだいにローカル線へとジェット化を進めた機体です。

737シリーズでも、ANAは現在737-500や-700/-700ER、-800と、複数のタイプを運航しています。-(ダッシュ)のあとにつく数字が大きくなるほど新しく開発された機体で、胴体の長さや航続距離が延長されたり、コクピットに最新の液晶画面が装備されたりするなど、性能も大幅に改善されています。

さらに進化しているのは737-700以降の機体で、737NG（Next Generation）と呼ばれ、ANA機では、主翼先端に装備された三角の**ウイングレット**が特徴です。

全長	33.6 m
全幅	35.8 m
全高	12.5 m

ANA Business Jet として運航する 737-700ER の全長は 33.6m で、737-800 とくらべると約 6m 短い。小柄なわりに、内装はオールビジネスクラスの豪華仕様だ

全席ビジネスクラスの旅客機

ボーイング 737-700

ANAでは、ビジネス客をターゲット層として、2007（平成19）年から「ANA Business Jet」が運航されています。

使用する機材は、世界にたった2機しかない737-700ERで、ANAが唯一、この特別便のために運航しています。

就航第1便は、当時新しく開設された中部ー広州線でした。2機のうち1機は、ビジネスクラス24席とプレミアムエコノミー20席の2クラス仕様で、この機材がデビューしました。

同年9月に就航した成田ームンバイ線では、オールビジネスクラスの機体が投入されました。シート数は38席（販売数は36席）と、通常の定員数の4分の1まで絞りこみ、全席が上級クラスというじつに豪華な空間です。

シートは1本の通路を挟んで両側に2席ずつ並び、横幅は通常のエコノミークラスの1.5倍程度もあります。前後の間隔がとてもゆったりした席です。

ウイングレット……主翼の端に装備された三角の翼のこと。空気抵抗を減少させて主翼の効率を高め、結果として燃料消費率を改善させる。767-300ERに新しくつけられたウイングレットのサイズは高さ3.4m、幅4.5m。

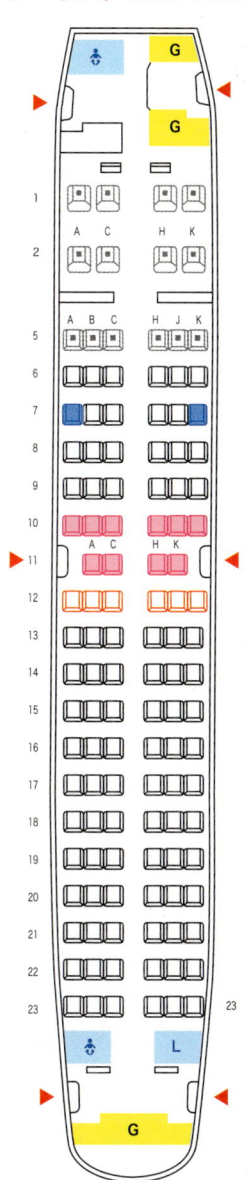

―――〈凡例〉―――

G	ギャレー
▼	非常口
L	化粧室
♿	化粧室　おむつ交換台つき
□	非常口座席
■	窓なし席
■	リクライニングしない席
▣	アームレストが上がらない席

83

ボーイング737のライバル機
エアバスA320

機体の劣化が進んだボーイング727-200や737-200の後継機として選ばれたのは、ANA初のエアバス機「A320」でした。

はじめてのエアバス機

　フランスに本社を置く航空機製造メーカー "エアバス" がほこる、単通路型のベストセラー機「エアバスA320」をANAが導入したのは、1991（平成3）年でした。

　当時は、丸みのあるデザインや電子化された**フライ・バイ・ワイヤ**の導入、操縦桿に代わるサイドスティックなど、ボーイング機にはない斬新な技術が話題になりました。

　座席数は166席と、ボーイング737とほぼ同規模。短めの滑走路でも離着陸が可能なため、国内のローカル線に幅広く運航しています。

　近年までは近距離国際線でも活躍し、国際線仕様の機材で運航されていました。主翼近くにある緊急脱出用のドアは、国内線はふたつ並ぶのに対し、国際線はひとつだけ。国際線仕様機材は座席数が110席（ビジネス20席、エコノミー 90席）と少ないぶん、緊急脱出用ドアがひとつでもよかったのです。

全長	37.6 m
全幅	34.1 m
全高	11.8 m

主翼の両端には、ウイングチップと呼ばれる小さな翼がついている

たった10年で退役したA321

かつては、A320の姉妹機で胴体が約7m長いA321-100が日本の空を飛んでいました。A321のANA第1号機の引き渡しを受けたのは、1998（平成10）年3月30日のことです。

4月11日に東京一鳥取線でデビューした1号機と、翌月に導入された2号機には、創立45周年の記念塗装がほどこされました。

デザインは、ANAの就航地の「日本の風景」を、カメラのフィルムのイメージで機体側面に貼りつけたユニークなデザインでした。A321型機の導入は日本ではじめてだったため、風景写真の上に大きく「A321」と表示され、その存在をアピールしました。

就航から10年で導入された7機すべてが退役しましたが、先日、新型であるA321neoは2017（平成29）年度に導入されることが発表され、新たな活躍が期待されています。

フライ・バイ・ワイヤ（FBW）……以前は操縦桿や足元のペダル操作で翼を動かしていたが、A320はコンピュータで制御されている。パイロットが操作するサイドスティックの動きが電気信号に変換されて動くしくみとなっている。

〈凡例〉

G	ギャレー
▼	非常口
♿	化粧室　おむつ交換台つき
⬜	非常口座席
🟦	窓なし席
🟥	リクライニングしない席
◻	アームレストが上がらない席

エアバスA320

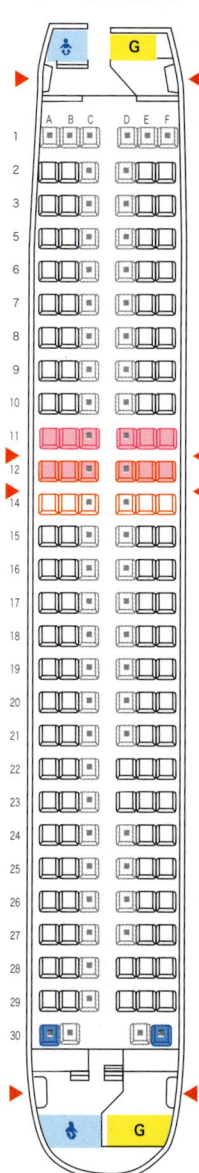

ローカル線で活躍
プロペラ機のDHC-8-Q400

プロペラ機は、より飛行機に乗っている感覚があります。低い高度で飛び、機窓からの風景を近くに感じるからかもしれません。

日本におけるプロペラ機の代表格

　日本では、地方路線を中心に数多くのプロペラ機が飛んでいますが、時代をリードするのがボンバルディアDHC-8シリーズです。高性能なターボプロップエンジンによって、ジェット機に匹敵するスピードで飛べるのです。

　ANAグループは、当初56席のDHC-8-Q300を導入し、2001（平成13）年に羽田ー大島線で就航を迎えました。合計で５機導入され、各機体の後部にひまわり、コスモス、つばき、すずらん、はまなすの花が描かれた「FLOWER PROP」は、当時話題になりました。

　現在は最新型の**DHC-8-Q400**を運航し、通称〝キューヨン〟として親しまれています。Q-400はQ-300のボディをさらに約7m延長した機体で、座席数は74席です。通路1本を挟んで横に2列ずつ並んでいます。運航路線はローカル線で、新千歳、中部、伊丹から各地方都市へと幅広く運航しています。

全長　32.8 m
全幅　28.4 m
全高　　8.3 m

DHC-8-Q400 は外観に特徴のある機体だ。細長い胴体の上についた主翼、プロペラエンジン、小さなタイヤ、Ｔ字の尾翼が装備された飛行機は、ほかの機体の姿とは大きく異なる

低高度から望む絶景

ボンバルディア DHC8-Q400

キューヨンの空の旅では、もれなく機窓からの絶景がプレゼントされます。

翼が胴体上部に取りつけられているため、主翼やエンジンに視界をさえぎられることがないのです。

また、ジェット機にくらべて低高度（約2万ft）を飛行することが多いため、地上の景色がより明瞭です。機内では「日本マップ」などのアイテムが用意され、利用者がより景色を楽しめる工夫が豊富です。

ANAグループでは、現在Q-400を21機保有していますが、そのうちグリーンカラーの特別塗装機が2010（平成22）年11月に就航しました。

Q-400は同クラスのジェット旅客機とくらべて燃費を30 ～ 40%カットでき、CO_2排出量や騒音も低減されています。

環境を意味する"Eco"と、社内公募で選ばれた"Bon Voyage（フランス語で「よい旅を」）"をかけ合わせた「エコボン」と呼ばれています。

DHC-8-Q400……DHCは開発会社であるデ・ハビランド・カナダ社の頭文字。現在はボンバルディア・エアロスペース社に引き継がれている。「Q」は「Quiet（静か）」の略で、騒音や振動を抑えるシステムを装備している。

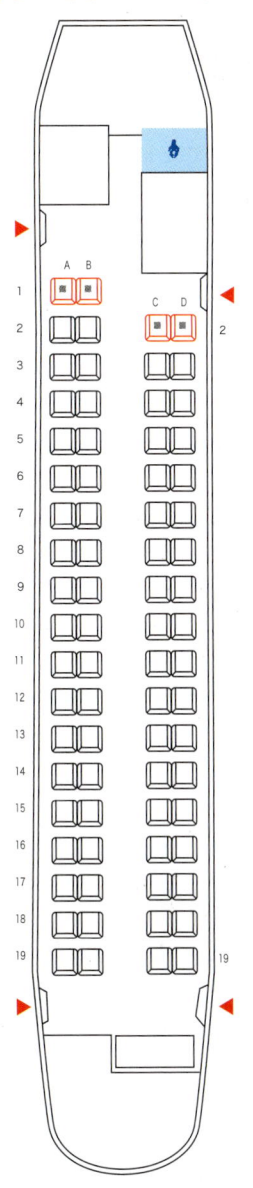

――〈凡例〉――

- モニター
- 非常口
- 化粧室　おむつ交換台つき
- 非常口座席
- アームレストが上がらない席

貨物を専用に運ぶ
ボーイング767-300F

昨今の貨物ニーズの増加を予測し、ANAグループは現在日本の航空会社として唯一、貨物専用機を導入しています。

貨物専用機の特徴

　ANAグループが貨物専用機ボーイング767-300Fの導入を決めたのは、2001（平成13）年でした。アジア諸国の貨物需要の増加を予測し、航空貨物事業を国内・国際旅客事業と並ぶ3本柱のひとつと位置づけてきました。

　貨物専用機は、機体内部がトンネルのような広い空洞になっていることが特徴です。航空機の搭載スペースは上下二層で、上部はメインデッキ、下部はロアーデッキと呼ばれています。

　旅客機ではメインデッキに乗客が搭乗し、ロアーデッキに貨物を搭載しますが、貨物機では上下の両デッキに貨物が搭載されます。

　メインデッキには大きなコンテナやパレットという台座に固定された荷物などが搭載され、ロアーデッキの貨物スペースも使用すると、1機あたり最大約50t（約400㎥）の貨物の搭載が可能です。

貨物専用機4号機〔写真〕を導入した2006（平成18）年には、貨物便の北米線就航やエクスプレス事業の参入など貨物事業が大きく展開された

旅客機を貨物専用機に改造

　ANA Cargoが現在保有する**フレイター**（貨物専用機）は、合計12機です（2016〈平成28〉年1月現在）。もともと貨物専用機として納入された4機のボーイング767-300Fのほか、かつて旅客機として運航していた機体を改造した8機の767-300BCF（ボーイング・コンバーテッド・フレイター）が運航されています。

　767-300ER旅客機から貨物機への改造は世界ではじめてのことであり、ANAグループは767-300BCFのローンチカスタマーでした。シンガポールにある整備会社で改造され、初号機はボーイング社でテストフライトなどが行なわれて認可されたあと、ANAに引きわたされました。

　当時、767-300ERは使用年数の多い機材から退役が進められていました。これらの機材を使うことで、新規に購入するよりもコストが削減できたからです。

　また、ANA Cargoの機体は2015（平成27）年5月から順次、新ロゴ塗装がほどこされています。胴体に青字で大きくANA Cargoと描かれ、垂直尾翼は、旅客機と同じトリトンブルーのANA塗装です。

©aeroprints 2013

白いボディに2社のロゴが描かれたシンプルな塗装がよく目立つ。OCSはANAグループの国際物流事業を担う会社だ。胴体に窓がないのも貨物専用機の特徴

フレイター……貨物専用の輸送機のこと。コンテナに入れられた荷物はパレットと呼ばれる台座に乗せられ、機内の床に設置された止め具でしっかりと固定される。また、床のローラーで重い荷物もスムーズに移動できる。

見たい！ 乗りたい！ 人気者のラッピングジェット

空港に行くと目で追ってしまうのはやはり、通常塗装よりもキャラクターのイラストや人気芸能人の写真などが貼られた飛行機です。

特別塗装の火付け役「マリンジャンボ」

マリンジャンボは、ANAの累計利用者が5億人を突破したことを記念して描かれた塗装機です。「君の夢をジャンボにしたい！」というテーマで1992（平成4）年に全国の小中学生に対して機体デザインの募集が行なわれました。最優秀作として選ばれたのは、当時小学6年生だった大垣友紀惠さんの作品でした。

そのときの機材は、国内線仕様のボーイング747-400Dが使われ、大きな機体をクジラに見たてた、そのほかの海の生き物が一緒に泳いでいるようなユーモアのあるデザインでした。**デカール**ではなく、すべてペンキで描かれました。

この機材は1993（平成5）年からおよそ1年半のあいだ、日本全国の空港を訪問するように運航され、子どもからおとなまで幅広い世代に愛されました。

ジャンボのほか、767-300にクジラを描いた「マリンジャンボJr.」もジャンボ機が就航できない地方空港へ運航し、これらの機材が火付け役となり、ラッピングジェットブームを迎えたといっても過言ではありません。

マリンジャンボは、座席の色やカバーもマリンブルーで、クジラの絵がついた紙コップでドリンクを提供するなど、機内も海のイメージで統一された

歴代のラッピングジェット

　ANAは、新型の機材導入時の特別塗装のほか、キャラクターや記念デザインなどをほどこした飛行機をつぎつぎと就航し、注目を集めています。

　たとえば1996（平成8）年から1年間、北海道スキーツアー20周年を記念して、747-400Dの全面にスヌーピーとその仲間たちを描いた「スヌーピー号」が就航しました。

　また、中国就航20周年の2007（平成19）年に登場した767-300ERの「FLY！パンダ」も印象的でした。国際線を中心に運航し、2011（平成23）年には2頭のパンダを乗せて、中国から成田に飛行しました。

　大きな話題となったのは、ポケットモンスター（ポケモン）の塗装機です。1998（平成10）年に就航した「ANAポケモンジェット」を皮切りに、合計10機にポケモンのキャラクターが描かれました。これは歴代でいちばん多い塗装です。現在も777-300で運航を続ける6代目の「ピース★ジェット」は、子どもたちを中心に大人気の機体です。

767-300ERの「FLY! パンダ」のイメージ

デカール……デザインが印刷されたシールのことで、複雑な図柄でも短期間で完成できる。昨今はペンキ塗装の代わりに機体に貼られることが多い。サイズは1枚約2m×1mで、多いものは300枚のデカールが使われることも。

日本の空を最後まで飛んだ ANAのジャンボ(747)

35年にわたって世界中の空を飛んだANAのジャンボ機が退役。多くのファンがつめかけ、別れを惜しみました。

35年の任務を終えて退役

日本におけるボーイング747-400の最後の営業運航便は、2014(平成26)年3月の羽田—那覇線でした。ANAでの累計利用者数は、約3億人。退役前には、全国各地での里帰りフライトや特別フライトを実施し、多くのファンに惜しまれながら日本の空を去りました。

同年4月13日の午後、ラストフライトを終えたJA8961の退役記念イベントが行なわれました。機体底部には、参加した社員から「お疲れさま」「ありがとう」「大好き」など、747に対する思いが寄せ書きされました。

幅広い年齢層で多くの人たちに愛されたジャンボジェット機の歴史は、初就航を遂げた1979(昭和54)年までさかのぼります。

ANA初の747型機である**ボーイング747SR**は「スーパージャンボ」の愛称で親しまれ、当時から需要のあった羽田—新千歳線と羽田—福岡線に投入されました。それまで便数が飽和状態だった基幹路線での大量輸送に活躍したのです。

登録番号 JA8962 の 747-400 は、唯一の国際線用ポケモンジェットで、1999(平成 11)年に成田—ニューヨーク線で就航した。国際線仕様のジャンボ機は、主翼の先端についたウイングレットが特徴だ

国内外で活躍したジャンボ機

　日本の国内線ではじめて旅客機に2クラスのシートが導入されたのは、747SRの機材でした。ジャンボの代名詞である2階席に特別席の「スーパーシート」が20席導入され、当時のあこがれの空間でした。

　また、ANAのジャンボは海外路線でも活躍しました。国際線でデビューしたのは1986（昭和61）年で、成田ーロサンゼルスやワシントンD.C.線に長距離タイプの747-200Bが使われました。「ジャンボ」の名前から想像できるとおり、大人数を一度に運んで、国内外問わずANAの路線を支えたのです。

　1990（平成2）年には、新型の747-400が登場しました。3人の運航乗務員が必要だった従来の747に対して、ふたりで操縦可能なハイテク設計で、社内公募により「テクノジャンボ」の愛称がつけられました。

　国内線仕様としては747-400Dが製造され、ANAはこの機材を国内のエアラインとして最終フライトの2014（平成26）年まで飛ばし続けました。

747-400Dの「D」はDomesticの意味で、世界でANAとJALのみが発注した日本国内線専用仕様機だ。747SR同様に離着陸の回数が多いため、胴体や床面の構造が強化された

ボーイング747SR……SRは「ショート・レンジ」の略で、離着陸する回数の多い日本国内線に合わせた短距離路線仕様。座席数は528席もあり、一度にこれだけの乗客を運べるジャンボ機を導入したのは、日本だけだった。

パート4

ANAの空港・施設・サービス

ANAは全国53の空港に運航しており、カウンターやラウンジなど空港でのサービスにも力を注いでいます。機内食や機内販売など、機内サービスも進化してきました。

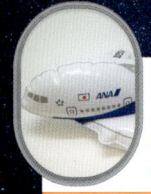

カウンターやラウンジはANAの管轄 空港にあるさまざまな施設

空港では施設によって管理者が異なります。旅客ターミナルは空港運営会社が、滑走路は国や地方自治体が管理しています。

空港建設前には風向きを調査

　日本の空港は「空港法」という法律のなかで、「公共の用に供する飛行場」と定義されており、2016（平成28）年1月現在、全国に97カ所あります。

　新しい空港の建設には長い年月がかかります。たとえば、中部国際空港（セントレア）が開港したのは2005（平成17）年ですが、現地の調査がはじまったのは1985（昭和60）年にまでさかのぼります。実際の工事は2000（平成12）年8月に海岸を保護する護岸工事からはじまり、最終的に旅客ターミナルの竣工式が行なわれたのは2004（平成16）年10月でした。

　空港建設の前には、何年もかけて風向きの調査が行なわれます。飛行機の離着陸時は正面からの向かい風を受けることが理想なので、地域でいちばんよく吹く風向きと同じ方向に**滑走路**がつくられます。

©Behbeh　2009

上空から見た中部国際空港

空港の核となる滑走路やエプロン

　空港は、国や地方自治体、または民間運営会社によって管理されています。民間運営会社による管理は、成田、関西、伊丹、中部の4空港です。

　到着ロビーや航空会社各社のカウンターが並ぶ出発ロビーがある旅客ターミナルは、空港ビルの運営会社によって管理されています。最近はおしゃれなレストランやファッションショップが誘致されることも多く、アミューズメントスポットとしての顔も出てきました。ANAの機体を多く見られる羽田空港第2旅客ターミナルの展望デッキも人気のスポットのひとつです。

　一方、空港施設の要といえるのが、滑走路や誘導路、エプロンなどです。エプロンとは飛行機の駐機場のことで、旅客の乗り降りや貨物の積み降ろし、給油などが行なわれる場所です。細長い滑走路（腰ひも）の横に四角形の駐機場（前掛け）があるため、エプロンのように見えるため、このように呼ばれているという説があります。

　このほか、パイロットや整備士、キャビンアテンダント、グランドスタッフなど運航を支えるスタッフのオフィスも空港内にあります。

羽田空港第2旅客ターミナルの展望デッキ。デッキ内にはニューヨークスタイルのカフェ「ウエストパークカフェ スカイファウンテン」もある

滑走路……飛行機が離発着をする滑走路は航空機の機材によって、必要な長さや幅、強度などが決まっている。一般的な車道の厚みが2〜3cmであるのに対し、滑走路のアスファルトは厚みが2〜3mもある。

ANAだけが発着する空港も！
国内の就航空港一覧

ANAは全国各地49の空港に就航しています。なかにはANAしか就航していない空港もあり、地域住民の大切な足になっています。

国内97カ所の空港分布図 （コードシェアを含む）

※空港名記載が ANA 運航中の空港

©Hideyuki KAMON 2006
大分空港

©Jpatokal 2007
能登空港

©Taisyo 2005
広島空港

©T.Fujiba 2014
鳥取空港

対馬
出雲　米子（美保）
壱岐　佐賀　萩・石見　鳥取　小松
五島福江　長崎　福岡　山口宇部　広島　岡山　伊丹
熊本　　　岩国　神戸　中部
鹿児島　松山　高松　関西
宮崎　大分　高知　徳島
北九州

✈ 拠点空港（28カ所）
　国際または国内空港輸送網の拠点

▲ 地方管理空港（54カ所）
　地方公共団体が管理

■ その他の空港（7カ所）
　調布飛行場など

● 共用空港（8カ所）
　自衛隊などが設定

98

全国49の空港に就航

　日本には97の空港があります。そのうち、国際または国内航空輸送網の拠点となる「拠点空港」が28カ所、地方公共団体が管理する「地方管理空港」が54カ所、調布飛行場など「その他の空港」が7カ所、自衛隊などが設置する「共用空港」が8カ所です。

　ANAグループは全国49の空港に就航しており、オホーツク紋別空港や萩・石見空港などANAグループしか就航していない空港も13空港あります。

　空港のない都道府県は栃木、群馬、埼玉、神奈川、山梨、岐阜、三重、滋賀、京都、奈良の1府9県です。

国際線のネットワークも拡充中
羽田空港の魅力

都心からアクセスがよい羽田空港。地方から海外へ行く場合、便数の多い羽田に飛び、羽田発の国際線に乗る人が増えています。

羽田発の国際線便数はANAが最多

羽田空港は1931（昭和6）年に東京飛行場として開設されました。戦後は占領軍に接収されていましたが、1952（昭和27）年に返還され、現在の正式名称「東京国際空港」として、新たな歴史を刻みはじめました。

ANAの前身である日本ヘリコプター輸送株式会社が、日本人操縦士による戦後最初の定期便として、羽田—大阪間の貨物郵便の運航を開始したのは1953（昭和28）年のことでした。

2014（平成26）年春には、羽田空港の発着枠が拡大し、現在、羽田発の国際線定期便は週199便（コードシェアは含まない）を数えます（2015〈平成27〉年冬ダイヤ時点）。羽田の国際線は便数でみるとANAがもっとも多くなっています。最近では、2015（平成27）年12月に羽田からシドニーに就航しました。ANAは、利用者数の多い首都圏空港としての需要と地方都市から羽田を経由して海外へ行く人の乗り継ぎ需要の両方を、羽田空港のターゲットとして掲げています。

©Hideyuki KAMON 2004

羽田空港第2旅客ターミナル。地下1階から地上5階まで吹き抜けになっており、開放感にあふれる。3〜5階にはショップやレストランがある

世界一に輝いたANAの空港サービス

　空港のカウンターでの搭乗手続きや搭乗ゲートで案内を行なう人を、グランドスタッフといいます。ラウンジでサービスを行なうのは、ラウンジスタッフです。羽田空港ではこうした業務の担い手として、ANAエアポートサービス株式会社のスタッフが活躍しています。

　幅広い人に向けたサービスがあり、「ANAらくのりサービス」では、シニアや子づれ、子どものひとり旅をサポート。体が不自由な人のための「ANAスカイアシストカウンター」もあります。

　また、ANAグループは、日本のみならず世界36都市の就航先空港におけるスタッフのサービス品質の高さやラウンジ施設などが評価され、イギリスのスカイトラック社による**ワールド・エアライン・アワード**では、空港サービス全般を評価するワールド・ベスト・エアポート・サービスで、2015（平成27）年度の世界一を受賞しました。

　羽田空港をはじめ、全国34の空港には総合お土産店「ANA FESTA」を展開。羽田空港の店舗で買える「越前若狭 焼鯖寿し」は空弁の定番です。

スカイトラック社の World's Best
Airport Services のロゴ

空弁「越前若狭 焼鯖寿し」。
羽田空港の「ANA FESTA」
でしか買うことができない

ワールド・エアライン・アワード……イギリス・ロンドンに拠点を置くスカイトラックス社が実施。独自のオンラインアンケートなど各種顧客調査に基づき、200社を超える航空会社を対象に、評価・表彰を行なっている。

羽田空港第2ターミナル（2階）

ANA プレミアムメンバーや
プレミアムクラスの乗客が使
える。無線 LAN が使え、ア
ルコール類のサービスも。

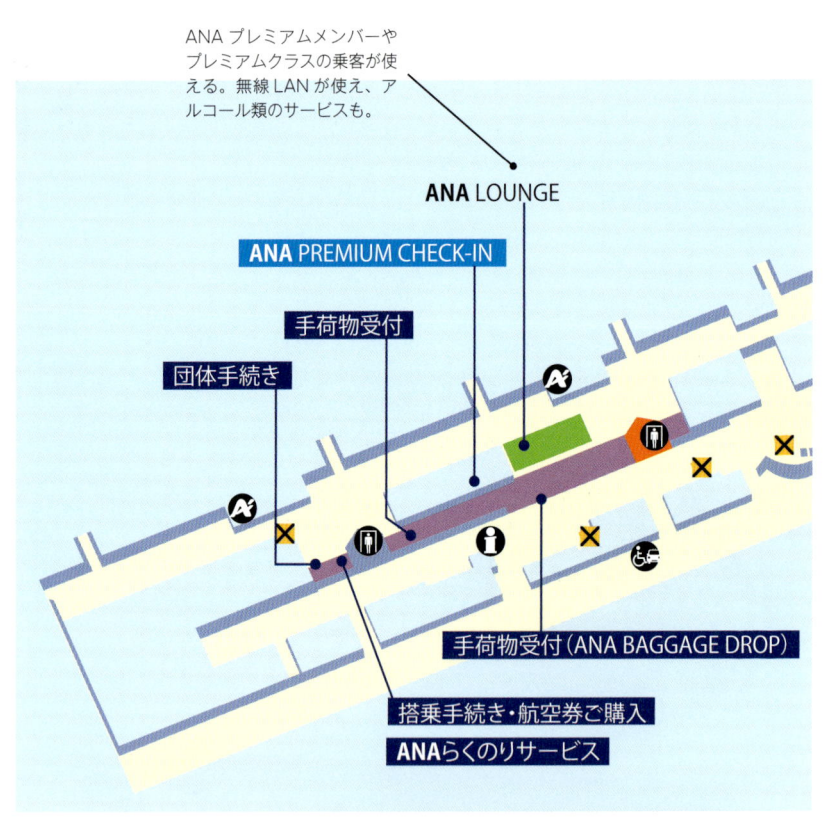

ANA LOUNGE

ANA PREMIUM CHECK-IN

手荷物受付

団体手続き

手荷物受付（ANA BAGGAGE DROP）

搭乗手続き・航空券ご購入
ANAらくのりサービス

〈凡例〉

- ✖ エレベーター
- Ⓐ **ANA** FESTA
- ⓘ インフォメーション
- 保安検査場
- 障がい者用乗降口

©Charlie FURUSHO

©Charlie FURUSHO

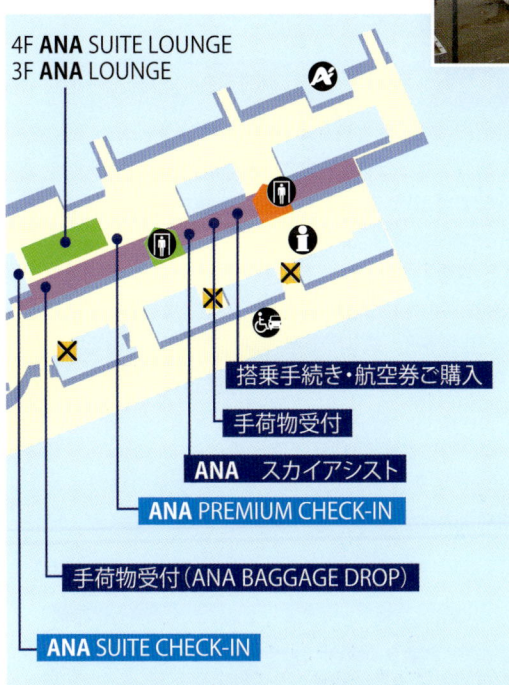

4F **ANA** SUITE LOUNGE
3F **ANA** LOUNGE

搭乗手続き・航空券ご購入

手荷物受付

ANA　スカイアシスト

ANA PREMIUM CHECK-IN

手荷物受付（ANA BAGGAGE DROP）

ANA SUITE CHECK-IN

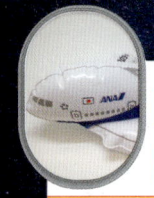

国際定期便就航から30年
成田空港の活躍

日本最大の国際空港、成田。最近では乗り継ぎで通りすぎるだけという外国人も多く、ハブ空港としての利用も増えています。

位置づけは国際線の乗り継ぎ拠点

　ANAにとって成田空港は、おもにアジアから北米をめざす外国人乗客の乗り換え需要がターゲット。一方、羽田空港は地方都市から国内線を利用して羽田へ飛び、そこから国際線へ乗り継ぐ日本人や訪日観光客がターゲット。国内線に強い羽田、国際線に強い成田という、それぞれの強みを活かして**デュアルハブ・ネットワーク戦略**を推進しているのです。

　成田からの国際線定期便は、コードシェア便を含まない場合、31都市31路線、週270便（2016〈平成28〉年3月時点）。最近では、2015（平成27）年10月に、成田からベルギーのブリュッセルに新規就航しました。日本からは唯一の直行便です。

　2016（平成28）年は、国際線就航30周年です。ANAは1986（昭和61）年3月の成田―グアム線就航を皮切りに、同7月には成田―ロサンゼルス線、ワシントンD.C.線を開設。翌年4月には成田―大連―北京線、成田―香港線などアジアへのネットワークを拡大していきました。

成田空港の電光掲示板

フライトを地上で支えるスタッフ

101ページで説明したグランドスタッフやラウンジスタッフの仕事を「旅客ハンドリング」といいます。成田空港の旅客ハンドリング業務は、ANA成田エアポートサービス株式会社のスタッフが担当。ANA国際線を中心に、受託外国航空会社やANA国内線を対象としています。

地上で航空機の安全な運航をサポートする「グランドハンドリング」も同社の仕事です。具体的には、旅客機が到着したら、駐機場に正しく誘導する「マーシャリング」を行ない、停止後は乗客が乗り降りするボーディングブリッジを接続。乗客の降機が完了したら、貨物の搭載や客室の掃除など次のフライトの準備。出発時は、トーイングカーと呼ばれる牽引車で飛行機が自走できるところまで押し出す「プッシュバック」を行ないます。飛行機は自力で後進ができないのです。

空港によっては、旅客ハンドリングやグランドハンドリングを行なう専門の会社があります。

ビジネスクラスのチェックインカウンター

デュアルハブ・ネットワーク戦略……首都圏にあるふたつの空港（羽田・成田）を、それぞれターゲットのちがうハブ空港として活用し、グローバル需要（訪日・三国間）拡大に向けた首都圏ハブ機能を強化する戦略。

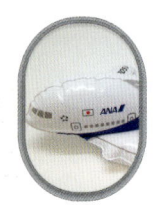

成田空港第1ターミナル（1階）

中央ビル

南ウィング

国際線エリア

国内線カウンター

ANA ARRIVAL LOUNGE

航空券の購入

ANA PREMIUM CHECK-IN

搭乗手続き・手荷物受付

©Charlie FURUSHO

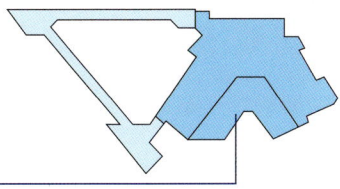

第1ターミナル1F

北ウィング

国際線
エリア

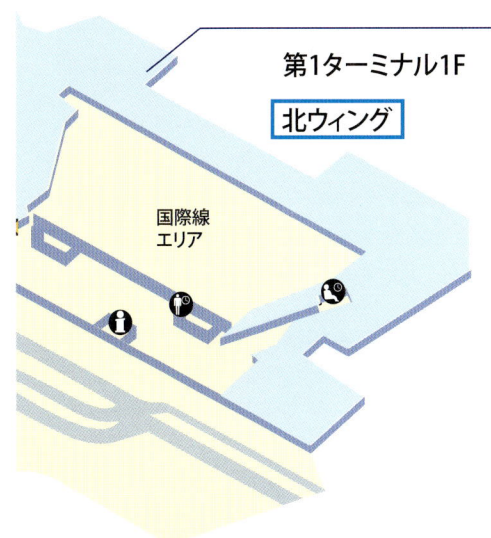

〈凡例〉

✖ エレベーター

🛋 有料ラウンジ

ℹ インフォメーション

🧍 待ち合わせ場所
キッズらくのりお出迎え場所

🧍 保安検査場

♿ 障がい者用乗降口

🚃 鉄道

🚌 バス

🚕 タクシー

©Charlie FURUSHO

乗る人も乗らない人も楽しい！
中部国際空港「セントレア」

名古屋駅から電車に乗り、最速28分で到着する中部国際空港。
2005（平成17）年に開港した24時間運用の海の上の空港です。

空港見学ツアーが人気

　愛知万博「愛・地球博」の開催に合わせてつくられた中部国際空港。愛称の「セントレア」は英語で中部地方を意味する「Central」と空港を意味する「Airport」を組み合わせた造語です。

　開港10周年を迎えた2015（平成27）年には、記念イベントも多数開催。眠らない空港の様子を眺められる「セントレア夜の空港お泊り会」や**海上空港**である中部国際空港を観光船から見学する「セントレア周遊クルーズ」などユニークな企画が人気を集めました。通常時も、空港の見どころを紹介する見学ツアーやセグウェイでの空港探検などが行なわれています。

　ANAの名古屋発便は16都市（コードシェアは含まない）、1日41便、国際線は上海と香港に毎日1便ずつが就航しています（2016〈平成28〉年1月ダイヤ）。2014（平成26）年冬からは羽田―名古屋線も運航がはじまり、羽田で乗り継いで海外へ渡航するのにも便利になりました。

セントレア内の様子。名古屋めしが食べられるレストランやおしゃれなバッグが買えるショップが充実。コンサートやイルミネーションなどイベントも多彩だ

国内空港初の展望風呂も

　中部国際空港は、建物に向かって左半分が国際線、右半分が国内線、2階が到着ロビー、3階が出発ロビーというわかりやすい構造になっています。

　4階のスカイタウンには、国内の空港で初の展望風呂「風（フー）の湯」があります。日本の宿場町をイメージした「ちょうちん横丁」には高山ラーメンや手羽先など、東海エリアのご当地グルメを出す店が30軒も並んでいます。飛行機に乗らない人でも楽しめるアミューズメントスポットなのです。

　セントレアの旅客ハンドリング業務やグランドハンドリング業務は、ANA中部空港株式会社のスタッフが担当しています。

　国内線保安検査後に利用できるセントレアエアラインラウンジは、日本航空との共用ラウンジです。そのため、入口には両社のロゴが並べて掲げられています。

©Charlie FURUSHO

東海地方のご当地グルメが軒を連ねる「ちょうちん横丁」は、昔の宿場町のような雰囲気

海上空港……埋め立てた人工島につくられた、海の上にある空港。騒音問題が起こらず、夜間乗り入れ制限もないため、24時間運用も可能。ちなみに世界初の海上空港である長崎空港は、もともと島があったところに建設された。

運航を支える"縁の下の力持ち"
空港で働く車

駐機場に停まっている飛行機のまわりでは、一般道路では見かけないさまざまな特殊車両が忙しく働いています。

■マーシャリングカー

　飛行機を指定の駐機場に誘導する人をマーシャラーといいます。マーシャラーはパドルという道具（夜間はマーシャリングライト）で合図を送りますが、それがパイロットによく見えるようにマーシャラーを乗せる車です。最近はマーシャラーを使わず、赤外線レーザーを使った機械による自動誘導も増えています。

■パッセンジャーステップカー

　通常、飛行機の乗り降りには、飛行機とターミナルをつなぐパッセンジャー・ボーディング・ブリッジ（PBB ／旅客搭乗橋）を利用します。しかしPBBが設置されていない空港やターミナルから離れたところに駐機した場合は、この車を使って乗り降りをします。タラップカーと呼ばれることもあります。

■ハイリフトローダー

　飛行機の下部には貨物や郵便物が入ったコンテナやパレットが搭載されているのですが、その積み下ろしや積み込みに使う車です。X字形のリフトが特徴的で、カーゴローダーとも呼ばれます。短い時間で、安全かつ迅速に荷物を運び出すには、車を操作する技術だけでなく、チームワークも要求されます。

■トーイングトラクター

　ハイリフトローダーで積み下ろされたコンテナは、コンテナドーリーという台車に乗せられます。このドーリーを牽引するのが、トーイングトラクターです。旋回半径が小さく小回りがきき、6台のコンテナドーリーを牽引できます。その様子はまるでカルガモの親子のようです。

■フードローダー

　機内食や飲み物などを機内に入れるためのトラックで、ケータリングカーとも呼ばれます。荷台には保冷機能がついており、機内食工場でフードローダーに機内食を積み込む際は、厳重な温度チェックが行なわれます。1便あたり、フードローダーは2～3台必要です。

■航空機牽引車

　飛行機は後進することができないため、駐機場から誘導路を経て、自走できるところまでは特殊車両で押し出します。これをプッシュバックといい、このときに使います。トーイングカーとも呼ばれ、飛行機のサイズに合わせていくつか種類があります。

■スノーバー

　除雪・除霜用車両です。翼に雪が積もっていると飛行機は飛べないので、伸ばしたアームから溶液を散布して、雪や霜をとかします。車には2種類の液体が入っていて、順番に使います。まずは雪落とし用の液体をかけ、次に防氷剤をかけて再凍結を防ぎます。

安心、安全な運航を支える
整備工場でのメンテナンス

羽田空港と伊丹空港に隣接した整備工場では、機体の定期点検が行なわれています。徹底的な点検と整備が安全を確保します。

飛行時間によって変わる点検内容

　ANAグループが安全運航を行なえる理由のひとつとして、まず万全の整備体制が挙げられます。飛行機そのもの点検・整備作業は大きく分けてライン整備とドック整備のふたつです。

「ライン整備」とはおもに空港で到着した飛行機をつぎの出発までのあいだにチェックする「出発前整備」とA整備と呼ばれる約500〜1000飛行時間ごとに行なう点検・整備を担当します。

　また、「ドック整備」はおもにC整備と呼ばれる約4000〜6000飛行時間ごとに約1〜3週間翼を休め、多くのパネルや部品を取り外して入念に点検・整備する作業やHMV（ヘビー・メンテナンス・ビジット）と呼ばれる4〜5年ごとに機体構造の詳細なクリーニング・点検、整備、機体の再塗装、防蝕作業などまで行なわれる大掛かりな作業を担当します。

　ライン整備が駐機エリアで行なわれるのに対し、ドック整備の舞台となるのが、羽田空港に隣接した格納庫なのです。

羽田の新整備場地区にある ANA 機体整備工場。ボーイング 777 やボーイング 787、ボーイング 767 といった大型機や中型機が整備される

ドック整備は人間ドックと似ている

機体の定期点検は、人にたとえると人間ドックのようなもので、安全な運航には欠かせません。ここでは格納庫での整備として C 整備を紹介します。

まずは**ドックイン**した機体のステイタスに合わせて、点検用の足場をセットし、エンジンカウルや翼・胴体のパネルと開けて点検の準備にかかります。その後、定められた項目に従って機体や各部品・構造部材をくまなくチェックします。整備士の目視による点検はもちろんのこと、様々な検査機器を使った機能点検で異常や故障がないかを確認していきます。エンジンの内部はボアスコープという胃カメラのような小型カメラを使ってくわしく点検します。点検で見つかった不備や故障の修理をするのが、次の工程です。

さらに、より安全で快適なフライトのための改修を加えたり、コンピューターや発電機、油圧ポンプなどを交換したりもします。最終工程の作動点検では、油圧・空圧などの動力源を供給し、エンジンの試運転も行なない機体の動きを確かめます。

こうしてすべての整備作業を終えた飛行機は整備士の最終確認を受け、格納庫から**ドックアウト**。ふたたび大空へと飛び立ちます。

コクピットの計器も入念に点検する

ドックイン＆ドックアウト……ドックは飛行機の格納庫のこと。飛行機が格納庫に入るのがドックイン、出るのがドックアウト。なお、ドックイン・ドックアウトのときはトーイングカーに牽引される。

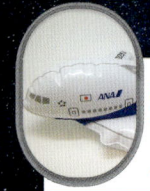

整備作業中の実機と記念撮影も！
人気の機体格納庫見学

「ANA機体整備工場」で平日に1日4回行なわれている工場見学。
飛行機と整備風景を間近で見られます。

予約は半年前からスタート

　羽田空港の新整備場地区にある**ANA機体整備工場**では、平日に1日4回、見学会が行なわれています。ふだんは入ることができない巨大な格納庫のなかで、飛行機や整備士の作業の様子を間近で見られるのです。見学は完全予約制なのですが、とても人気が高く予約枠はすぐに埋まってしまいます。

　申し込みはインターネットで行ないます。見学希望日の6カ月前の同一日9時30分から1週間前まで受けつけており、申し込み後1週間以内に見学可否の返信メールが届きます。電話での予約もできますが、申し込み開始が5カ月前からとインターネット利用の場合より1カ月遅いうえ、インターネットでの予約が優先されます。見学会の対象は安全のため小学生以上。料金は無料で、見学時間は各回90分です。

格納庫で整備作業中の実機を見学。間近で見る飛行機は迫力満点。エンジンの大きさは機種によってちがうが、ボーイング777なら直径3.7m

機体格納庫　見学当日の流れ

　見学当日はANA機体整備工場向かいの「ANAコンポーネント・メンテナンスビル」の1階で入館手続きを行ないます。受付カウンターで予約時に受け取っている入館証を提示し、入館パスと引き換えたら1階の講堂へ。まずは、ANAグループが使用している飛行機について見学担当者から学びます。見学者の年齢層に合わせて、クイズなども交えながらわかりやすく説明してくれるので楽しく知識が深められます。

　説明が終わったら、ヘルメットを着用していよいよ見学のハイライトである格納庫へ。見学担当者の説明を聞きながら、整備作業中の飛行機や整備に使う工具を見学したり記念撮影をしたりします。

　そのあと1階ロビーに戻ったら、見学会は終了です。玄関ロビーの売店にはANAグッズがたくさんそろい、購入できるので記念に買い求める人も少なくありません。入館パスは記念に持ち帰れます。

見学の様子。見学者がかぶるヘルメットも、ANAらしい青色だ

ANA機体整備工場……羽田空港の新整備場地区にある格納庫。24時間体制で飛行機の整備や改修が行なわれる。広さは合計4万500㎡もあり東京ドームの約3.1倍。

プレミアムクラスは温かい食事も
国内線の機内食

国内線の普通席では無料のドリンクサービスがあります。プレミアムクラスでは食事（または軽食）もつきます。

プレミアムクラスは"お重"のお弁当箱

国内線のプレミアムクラスで、朝食・昼食・夕食の時間帯に提供されているのが、「Premium GOZEN」（プレミアム御膳）です。日本文化である"お重"を模したお弁当箱に彩り豊かな料理がぎっしり詰まっています。

羽田・新千歳・伊丹・関西・福岡発便の夕食は、各出発地の名店が監修したコラボレーションメニュー。コラボレーションパートナーは3カ月ごとに変わります。また羽田・新千歳・伊丹・福岡・沖縄空港を結ぶ10路線では、ご飯や主菜の一部が温かい状態で提供されています（2015〈平成27〉年12月現在）。

食事以外の時間帯には、「Premium SABO」（プレミアム茶房）が用意されています。こちらはアフタヌーンティーをイメージして、サンドイッチのようなひと口サイズの料理に、チョコレートや焼き菓子などのスイーツをセットにしたもの。

スイーツは有名パティシエが監修することも多く、スイーツの入ったBOXは、持ち帰りもOK。ちょっとしたお土産にもなります。

「Premium SABO」（イメージ）。サンドイッチといった軽食だけでなく、お菓子までついた贅沢なセットだ

普通席は「ANA MY CHOICE」でアレンジ

　国内線の普通席では、ANAオリジナルのコーヒー（一部の機材・便では種類の異なるインスタントコーヒーの提供）やビーフコンソメスープ、日本茶（温・冷）、アップルジュース、ミネラルウォーターなどが提供されます。

　機内食はありませんが、メニューのなかから自由に選べる有料サービスの「**ANA MY CHOICE**」を利用して、食事や飲み物を購入できます。

　メニューは各種スナック、ビールや角ハイボールなどのアルコール飲料、ANAオリジナルスープなど。プレミアムクラスの設定がある便では、前述のプレミアムクラスの食事（昼・夕食）も注文できます。

　また、路線限定のメニューとして、ハーゲンダッツのアイスクリームやANAオリジナルのリゾットや雑炊もあります。

シートポケットにあるメニューのなかから、食事や飲み物を選ぶ

ANA MY CHOICE……地上や機内でのさまざまなサービスを有料で利用できるサービス。国内線の機内では食事やドリンクを頼める。定番商品を除いて、メニューは2〜3カ月ごとに変わる。地上ではラウンジの利用ができる。

117

匠の技が光る
国際線上級クラスの機内食

ファーストクラスとビジネスクラスの機内食は、外部の著名なシェフがプロデュースすることも多く、一流の味を堪能できます。

総勢24人の「THE CONNOISSEURS」がプロデュース

　日本発国際線の機内食は全クラス「THE CONNOISSEURS（ザ・コノシュアーズ）」がプロデュースしています。CONNOISSEURSとは「その道を極めた目利き・匠」という意味。国内外の著名シェフ、お酒やコーヒーのプロフェッショナル、ANAの機内食製造を担当するANAケータリングサービスのシェフによる総勢24人のチームです。

　全員でひとつの料理をつくるのではなく、路線や期間、クラスによって担当が変わります。ファーストクラスやビジネスクラスは外部の著名シェフがプロデュースすることが多く、メンバーには「京都吉兆」総料理長の徳岡邦夫氏やパティシエのピエール・エルメ氏も名を連ねています。

　ファーストクラスの食事は、会席スタイルの和食や洗練されたモダンヨーロピアンの洋食コースなど最高峰の味わいです。機内食のメニューは基本的に３カ月ごとに変わりますが、和食は食材の旬にこだわるため、主菜が月替わりになることもあります。

長距離線ファーストクラスの洋食メニュー（イメージ）。アペタイザー、メインディッシュ、自社製パン、デザートなどで構成される

全国の特産品を使った料理を提供

「Tastes of JAPAN by ANA」は、日本各地の魅力を国内外に紹介するためのプロジェクト。地域活性化や訪日旅客増加に貢献しようと、2013（平成25）年9月にはじまりました。

食・酒・スイーツ・文化などをテーマに、3カ月サイクルで3つの都道府県を取り上げていき、約4年をかけて47都道府県をすべて特集。対象の県の特産品を使った食事やデザートを開発し、機内や空港ラウンジで提供しています。

地元の食材を使った料理を開発するほかに、もともとある郷土料理をそのまま出すこともあります。たとえば、2015（平成27）年12月～2016（平成28）年2月には、愛知県・岐阜県・三重県が特集され、三重県の郷土料理が、国際線ビジネスクラスの一部路線で和食メニューとして提供されました。

三重県の郷土料理

Tastes of JAPAN by ANA……機内食と空港ラウンジ以外でも各地の魅力を紹介。たとえば、機内誌『翼の王国』では土地を象徴する食材や食文化を紹介し、Webの通販サイトでは、各県の名産品・特産品を販売している。

チャイルドミールはデコ弁！
国際線エコノミークラスの機内食

エコノミークラスでは利用者の投票でメニューを決める「機内食総選挙」を実施。チャイルドミールは食育とデコ弁がテーマです。

SNS投票で決める「機内食総選挙」

　日本発国際線のエコノミークラスでは、利用者のSNSの投票で実際の機内食のメニューを決める**機内食総選挙**が2013（平成25）年から行なわれています。2015（平成27）年の選挙では和食の1位には「カルビと牛タンのたっぷり満腹弁当」が、洋食の1位には「タンドリーチキン風サフランライス添え」が選ばれました。第1位のメニューは、2016（平成28）年3月から提供される予定です。

　ホノルル線では、ハワイ到着前からリゾート気分を味わえる「リゾートプロジェクト」が2014（平成26）年にスタート。エコノミークラスの洋食に、ロコモコやパンケーキなどハワイらしいメニューが登場しています。

　プレミアムエコノミーの利用者だけが楽しめるメニューもあります。アルコール類は、スパークリングワインやビジネスクラスの日本酒、ワインなど。小腹を満たせるミニそば（北米・アジア路線）やミニラーメン（ヨーロッパ路線）、スープ、ビジネスクラスのデザートもあります。

ホノルル線エコノミークラスの洋食メニュー（イメージ）。エコノミークラスの1食目のトレーマットには、くじが用意されている

見た目もかわいいチャイルドミール

　羽田・成田発便で2 ～ 12歳未満の子どもを対象に提供しているキッズミールは、「食育」と「デコ弁」をテーマにした、とてもかわいらしい機内食です。実際に子育てをしているANAのシェフたちが"パパママシェフ"チームを結成し、わが子の笑顔を思い浮かべながらつくりました。

「食育」では、子どもの成長に不可欠なカルシウムやビタミンを多く含む食品や野菜をふんだんに使い、全体の栄養バランスに配慮。素材の味を感じられるよう、味つけを薄めにするなど工夫しています。

「デコ弁」としては、盛りつけを顔や動物の形にしたり、色とりどりの食材を使ったり、見た目にも楽しく仕上げられています。

　こうした多彩な機内食がどこでどうやってつくられているのかについては、122ページでくわしく紹介します。

羽田・成田発便のチャイルドミール（イメージ）。デコ弁風のチャイルドミールは名古屋やホノルル発便などでも提供。※いずれも要予約

機内食総選挙……Facebookで人気投票を実施したのは、日本の航空会社としてははじめての試み。Twitter、Sina Weibo（中国のSNS）でも投票を呼びかけ、2015（平成27）年の総投票数は前年よりも増えている。

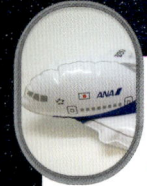

機内食をつくる
ANAケータリングサービス

羽田と成田発便のANAの機内食は、ANAケータリングサービスで調理され、機内へと運ばれています。工程はほとんどが手づくりです。

機内食は使える食材やお皿にも制限

　ANAの羽田と成田発便の機内食は、ANAケータリングサービス（ANAC）がつくっています。ANACのシェフは、プロの美食チーム「THE CONNOISSEURS（ザ・コノシュアーズ）」（118ページ）のメンバーでもあります。そのため、国際線と国内線**プレミアムクラス**の一部の食事のメニュー開発も手がけています。

　メニューの改定は基本的に3カ月に一度です。メニューの検討がはじまるのは提供する1年前から。3カ月前にはエアライン関係者を集めてプレゼンテーションと試食会が行なわれ、メニューが決定されます。

　外部の一流シェフがメニューを監修する場合は、開発にはさらに時間がかかります。まずは外部シェフからレシピをもらい、それをANACのシェフが機内食として実現可能なものに落とし込みます。機内食に使える食材や食器には制限があり、乾燥した機内では味覚も変わるため、考慮が必要なのです。試作と試食をくり返し、納得する味をつくりあげます。

国際線ビジネスクラスの食事イメージ

機内食づくりは大半が手作業

　ANACの機内食工場は、成田と川崎にあります。調理場はメインディッシュを調理するホットセクション、サラダやフルーツを調理するコールドセクション、和食全般を調理する和食セクションにわかれています。ケーキやパンを調理するベーカリーキッチンは、ANACの羽田施設内に2015（平成27）年12月に新設・移転。機器が増強されたので増産が可能になり、エコノミーを含む全クラスで自社製のパンが提供されるようになりました。

　機内食づくりはほとんどの工程が手作業です。搬入された食材は冷蔵庫で適切に管理され、必要な下処理をして、前述の各セクションで調理されます。加熱した料理はブラストチラーと呼ばれる急速冷蔵庫で急速に冷やされ、細菌の繁殖を防止。できあがった料理は、マニュアルどおりに皿に盛りつけ、トレイに並べて、カートへセット。カートは指定されたフードローダー車の荷台に積み込まれ、空港へ出発します。

子ども用機内食のチャイルドミール、パパママシェフがつくっている

プレミアムクラス……ANAの国内路線で、一部を除く機材の前方に配置される上級クラスで、シートは50inch（約127cm）以上。すべての時間帯で食事や軽食が提供される。出発前にはANA LOUNGEを利用することも可能だ。

123

デザインは時代を映す鏡 キャビンアテンダントの制服

キャビンアテンダントがまとう制服は、いわば会社の顔。2015（平成27）年にデビューした10代目の制服も話題を集めています。

1955（昭和30）年11月にデビューした初代制服。夏はジャケットを脱ぎ、開襟シャツ姿でサービスしていた

過去にはパンタロンも

　ANAの前身である日本ヘリコプター輸送が、はじめてキャビンアテンダントを採用したのは1955（昭和30）年のこと。初代の制服は、米空軍の婦人服をモデルにした紺色のツーピースでした。1966（昭和41）年の3代目からは国内の有名デザイナーの起用がはじまり、ひざ上丈のミニやパンタロンなど、時代の流行が色濃く反映された制服も登場します。

　2015（平成27）年2月には、初の外国人デザイナー、プラバル・グルン氏による制服がデビュー。大胆なブルーラインのアレンジが印象的です。

2005（平成17）年5月
〜2015（平成27）年1
月まで着用された第9代。
デザインは田山淳朗氏

現在の制服

わずか8席の特等席 ファーストクラス

ファーストクラスは、ボーイング777-300ERに8席しかなく、まさに選ばれた人のための席。シートやアメニティも最上級です。

プライベート性の高いシート

　極上の空間と最上級のもてなしを満喫できるファーストクラスは、多くの利用者のあこがれです。ANAでは、ボーイング777-300ERで運航する成田または羽田発の欧米路線と成田—シンガポール線にファーストクラスを設定しています。座席配列は1-2-1で、わずか8席のみです。

　高い壁で仕切られたスクエア型のシート「**ANA FIRST SQUARE**」は、個室タイプでプライベート性が高く、木目調の壁面や削り出しのアルミ素材など、質感にこだわった素材が高級感と落ち着きを感じさせてくれます。内部はあらゆる無駄を削ぎ、心地よいスペースが確保されています。ジャケットやシューズは壁面の専用収納スペースにすっきりおさめられます。

　映画やオリジナル番組、音楽などバリエーション豊富なエンターテイメントを、23インチタッチパネル形式液晶ワイドスクリーンとデジタルノイズキャンセリングヘッドフォンでゆっくりと楽しむことができるのです。

ファーストクラスのシート。大型可動式テーブルが設置され、手元や足元には小物やラゲージ用の収納スペースがある

日本の寝具が快眠をサポート

　こだわりのシートでさらに快適にすごせるよう、アメニティにもこだわっています。快眠をサポートする寝具は、テイジンの高機能繊維「ナノフロント®」を用いて東京西川の最新技術でつくりあげた超軽量コンフォーター（掛けふとん）に、「AiR®」という体圧分散にすぐれた東京西川の特殊立体構造マットレス。枕は仰向けでも横向きでも柔軟にフィットする東京西川「エンジェルフロート®」、ブランケットはオーガニックコットンと高級カシミアの「テネリータ」です。さらに、ニット素材でやわらかな肌触りのリラックスウェアも用意されています。

　洗顔料や化粧水が入ったポーチは、アメリカ発の旅行用かばんメーカー「SAMSONITE」とコラボレーションしたANAオリジナルです。「ザ・ギンザコスメティックス」ベーシックケアセット、アイマスクやイヤプラグが入っており、長時間フライトでも快適にすごせる配慮がなされています。

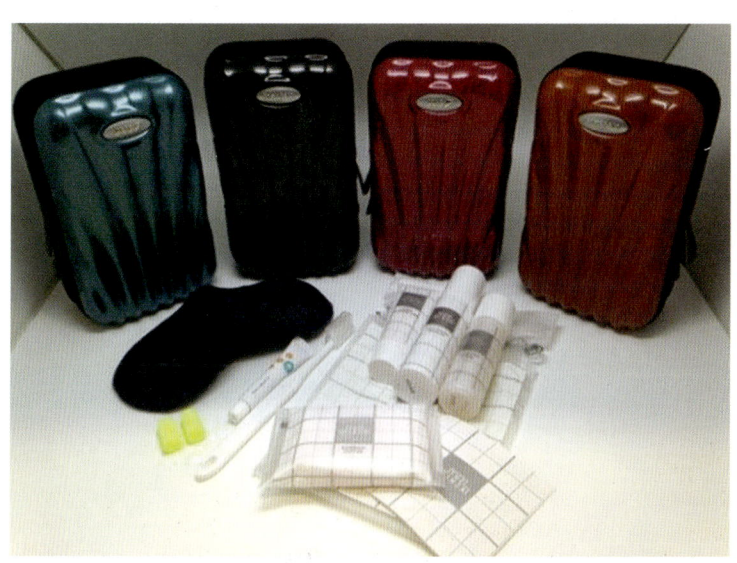

「SAMSONITE」とのコラボポーチ。中身は「ザ・ギンザ コスメティックス」のケアセットなど
　※ポーチの色は時期により異なる場合があります

ANA FIRST SQUARE……ファーストクラスのシート名。23インチタッチパネル式液晶ワイドスクリーンでは多彩なエンターテインメントを楽しめる。機内の雑音をカットするヘッドホン（Sony「MDR-10RNC」）も使える。

フライトのお供に
機内誌と機内販売カタログ

機内誌『翼の王国』と機内販売の商品カタログ『ANA SKY SHOP』は全クラスのシートポケットに入っています。

機内誌の人気連載が単行本にも

　機内誌『翼の王国』は1960（昭和35）年に創刊された、伝統的な機内誌です。ANAグループ運航便では、シートポケットのない一部小型機やプロペラ機を除く全クラスのシートポケットに搭載されています。閲読可能者数はANAの月間搭乗者数に相当するため、月間約357万人です（2014〈平成26〉年1月時点）。

　制作はマーケットコミュニケーション部が担当。旅をテーマに、国内および海外各地の文化、自然、食物、人々の暮らしなども独自の取材と美しいビジュアルで紹介しています。

　連載記事も多く、芥川賞作家の吉田修一のエッセイ『空の冒険』や全国各地の手づくり弁当を夫婦二人三脚で取材した阿部夫婦のフォトエッセイ集『おべんとうの時間』など、単行本化されたものもあります。

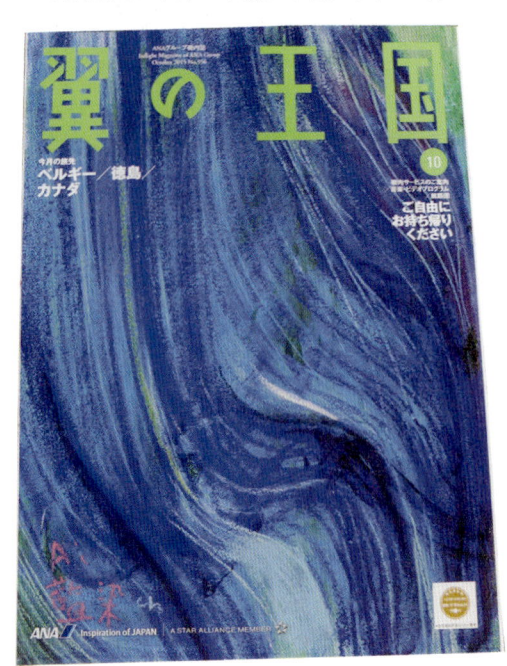

ANAグループ運航便のほとんどで搭載されている機内誌『翼の王国』

ANAオリジナル扇子が人気

　機内販売は、国内線ではANAオリジナル商品を、国際線ではANAが厳選した免税品を販売しています。国内線のラインナップは約20商品、国際線は韓国や中国など短距離路線が約80商品、東南アジアや欧米など中・長距離路線は約130商品です。

　機内販売の商品カタログ『ANA SKY SHOP』は1988（昭和63）年に国際線就航と同時に創刊されました。国内線では1993（平成5）年9月に就航した「マリンジャンボ」の機内で、はじめて機内販売を実施。機内限定販売品「マリンジャンボ・ウォッチ」はあっという間に完売しました。

　ロゴ入りのオリジナルアイテムもいろいろあり、毎年夏季にデザインを変えて販売される「ANAオリジナル扇子」はコレクターもいる人気商品です。

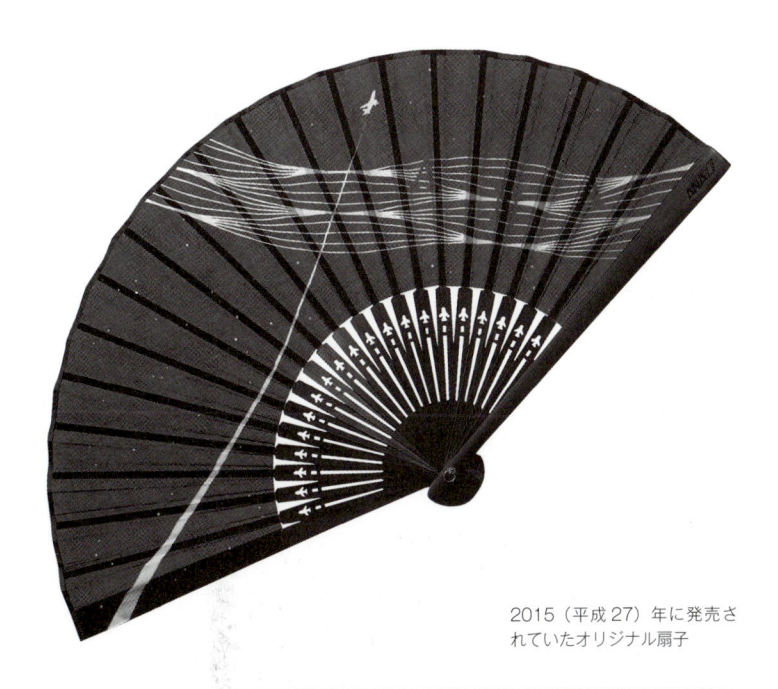

2015（平成27）年に発売されていたオリジナル扇子

機内誌……国際線では『翼の王国』のほかに、『WINGSPAN』も用意されている。日本語、英語と中国語で、世界各地の人や文化、食を特集。毎月1日発行。閲覧可能者数はANAの国際線の月間利用者数約60万人にあたる。

ANAで
活躍する人

飛行機の安全な運航には多くの人がかかわっています。パイロットやキャビンアテンダント、運航支援者などの仕事内容とスケジュールを紹介します。

世界中を忙しく飛び回る
パイロットの仕事

2,000人以上いるANAのパイロット。訓練生からステップアップし、副操縦士から機長になるまでは約10〜15年かかります。

機長と副操縦士の食事は別メニュー

　飛行機を操縦し、乗客を安全に目的地まで届ける——これがパイロットの仕事です。何百人もの命を預かるため、強い使命感と精神力が必要とされ、当然、責任の重い仕事でもあります。

　フライトは機長（キャプテン）と副操縦士（コ・パイロット）のふたり体制です。ヨーロッパなどへの長距離便の場合は、機長ふたりと副操縦士ひとりの3人体制となり、交替で休憩を取ります。機長は肩章や袖章の金モール線が4本ですが、副操縦士は3本なのでひと目でわかります。帽子に金モールの装飾があるのも機長だけです。万が一の食あたりに備え、フライト中の機長と副操縦士の食事は別メニューにしています。

　最近はオートパイロット（**自動操縦装置**）も発達していますが、たとえ自動操縦中であってもつねに想定されるリスクに備え、計器のモニタリングや外部監視をし、緊急時に着陸できる空港への準備をしています。

コクピットでの機長と副操縦士は、フライト中、つねに必要なコミュニケーションをとり、安全運航につとめている

1カ月の乗務スケジュール

　ボーイング777の操縦資格をもつパイロットの1カ月のスケジュールを下の図にまとめました。同機材は国内線から国際長距離線まで幅広くカバーしているので、世界中を飛び回ることになります。

　国内線の場合は、1路線を往復する日帰りが多いですが、渡航先によっては宿泊するパターンもあります。国際線の場合は、渡航先で1〜2日滞在するのが基本です。すごし方は人それぞれで、復路の操縦に備えてゆっくり体を休めたりしているようです。

　月に数日は、天候や機材状況による急な交代に備えて空港や自宅で待機する「スタンバイ」もあります。このほかに資格維持のための航空身体検査や定期訓練、定期検査などが組みこまれることもあります。

　オフの日もランニングなどで体を動かすパイロットも少なくないのは、体調管理が非常に重要な仕事であることを物語っています。

● パイロットの1カ月のスケジュール（例）

フライトタイムの L は現地時間（Local）。世界中を飛び回っている様子がよくわかる

自動操縦装置……自動操縦装置（AFDS）や自動推力調整装置（A/T）など、自動で航空機を操縦するための装置の総称。ボーイング787型機にはGPSを使った着陸誘導装置（GBAS）が装備され、着陸時の安全性が向上した。

もっとも重要なのは保安業務
キャビンアテンダントの仕事

キャビンアテンダントの仕事には、安全を守る「保安業務」と乗客に快適にすごしてもらうための「サービス業務」があります。

乗客の安全を守る保安要員

　キャビンアテンダント（**CA**）の仕事というと、機内食の提供や機内販売といったサービス業務のイメージが強いかもしれません。ですが、もっとも大きな役割は保安要員として機内の安全を守ることです。

　保安業務はトラブルのときだけに行なうものではありません。利用者が搭乗する前に機内に不審なものがないかチェックしたり、離着陸前に手荷物の収納やシートベルト着用を確認したりするのも大切な仕事です。もちろん、緊急時に備え、スライド（滑り台）での緊急脱出訓練や急病人が出たときの救急看護など保安訓練も徹底的に受けています。

　ちなみに、スライド（滑り台）で滑り降りるときは、上体を起こして両手を前に突き出し、着地点をしっかり見ることが大切だそうです。

CA のサービス業務としては、機内での飲み物や食事の提供、機内販売などがある

1カ月の乗務スケジュール

　キャビンアテンダントのキャリアは国内線からスタートします。9カ月から1年ほど経って、国際線乗務の資格を取得すると、国内線と国際線の両方に乗務するようになります。ANAが就航している全路線に乗務する可能性があり、特定の路線のみを担当することはありません。

　勤務はシフト制で、3～4日勤務と1～2日のオフなど、サイクルはいろいろ。もちろん長期休みをとることもできます。国内線の場合、1日2～3フライトが多く、就航地で宿泊する「ステイ」もあります。国際線の場合、ソウルのような短距離路線は日帰りで往復することもありますが、渡航先で1～2日滞在するのが基本です。

　ステイ先のおいしいものやお土産にくわしいキャビンアテンダントは少なくありません。キャビンアテンダントが見つけた地方の銘菓などは、「CAセレクト商品」として機内販売のメニューに載ることもあります。

● キャビンアテンダントの1カ月のスケジュール（例）

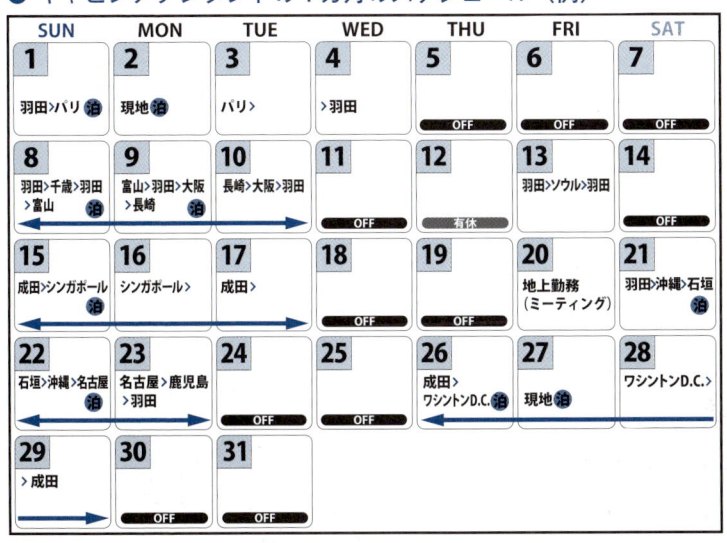

勤務はシフト制だが連続した休暇もあるため、メリハリのある生活が送れる

> **マメ蔵**
> **CA**……ANAでは1年更新の契約社員として採用され、3年後に正社員に移行する形態だったが、2014（平成26）年度から正社員として採用されるように。グループ全体で約8,000人（2015〈平成27〉年12月現在）。

空港での接客サービスを担当
空港グランドスタッフの仕事

搭乗手続きなどを行なうグランドスタッフ約5,000人と、ラウンジで案内をするラウンジスタッフ約250人がいます。

ラウンジでフルコース料理を提供

　グランドスタッフは、カウンターでの搭乗手続きやチケット販売が仕事です。また、搭乗ゲートでの誘導や搭乗のアナウンス、到着ゲートでの出迎えや出口への案内も行ないます。広い空港を走り回ることもあり、意外に体力を使うので、毎朝の始業ブリーフィング（かんたんな打ち合わせ）では、準備体操も欠かせません。

　乗客の受付やラウンジ内での発着情報の案内、テーブルや机のセッティングなどが、空港内のANAラウンジで働くラウンジスタッフの仕事です。

　羽田空港国際線ターミナルの「**ANA SUITE LOUNGE**」には、深夜便の利用者を対象にしたレストラン "DINING h" があります。

　一般的にラウンジ内の飲食はセルフサービスですが、ここでは注文を受けてから常駐シェフが和食や洋食のフルコースをつくってくれます。

旅のはじまりと終わりをさわやかな笑顔で飾ってくれるグランドスタッフ。空港を単なる通過点にしないよう、心に残る接客を心がけているそうだ

136

1日の勤務スケジュール

月ごとに勤務時間のシフトは変わりますが、グランドスタッフもラウンジスタッフも、4日勤務して2日休むのが基本です。羽田空港のような24時間運用の空港では深夜の仕事もあります。

早番のグランドスタッフのある日のスケジュールは、下の図のとおり。6:00に出社し、引き継ぎなどをすませたらさっそく業務をはじめ、9:30には早めのランチタイム。その後、13:50までカウンター業務。シフトによっては、カウンター以外に搭乗ゲートや手荷物預かりなどを担当することもあります。

夜勤のラウンジスタッフの場合は、16:30に出社し、途中休憩をはさみながら翌0:30まで勤務。3:00まで仮眠を含む長めの休憩をとったら、夜勤明け勤務の準備がスタート。勤務が終わるのは7:30です。

● グランドスタッフの１日のスケジュール（例）

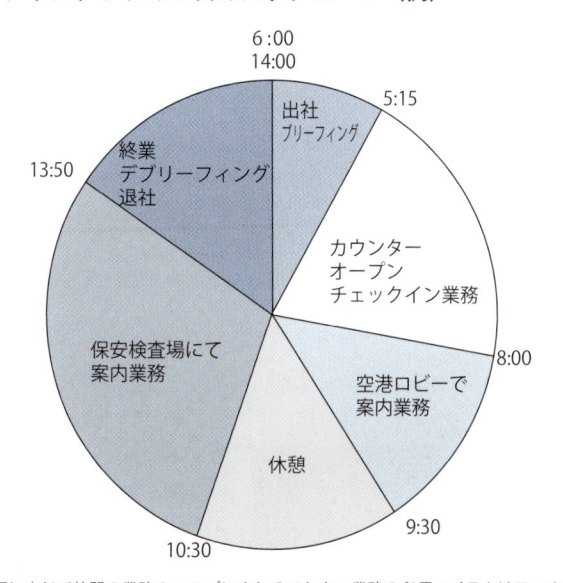

離発着状況に応じて仲間の業務のヘルプにまわることも。業務の必須アイテムはスマホ

ANA SUITE LOUNGE……通常のANAラウンジよりワンランク上のラウンジ。対象はANAプレミアムメンバーサービス「ダイヤモンドサービス」のメンバーや国際線ファーストクラスの乗客。

機体の安全を守るスペシャリスト
整備士の仕事

飛行機の不具合などを修復する安全性確保はもちろん、運航の定時性や快適性を高めるために利用者目線に立って業務を行ないます。

エアライン整備士として不具合を未然に防ぐ

整備士の仕事は、飛行機の点検と整備です。整備方法は機体ごとにちがうため、機体ごとに国の整備資格をとらなければなりません。整備士は各メーカーのマニュアルにしたがって点検や修復を行ないますが、それだけでは飛行機の信頼性は向上しません。

飛行機はさまざまな環境で運航されるため、エアラインごとに経験する不具合の種類や発生時期などが異なります。たとえば、日本の特徴的な運航としては「短距離路線が多い」「高温多湿な気象条件」などが挙げられます。短距離路線が多いと離着陸回数が増加するために構造部際の疲労を受けやすい、高温多湿だと腐食が早いなど、ほかのエアラインでは経験しない、もしくは経験時期がほかより早いといったことが起こります。

そのため、エアラインの整備部門は航空機の信頼性を向上させるために、自社の運航特性をふまえて適切な整備プログラムを設定し、それに基づいて整備作業を実施しています。

加えて、日々の運航、整備を通じて得られた情報、知識、経験をもとに適切な信頼性管理を実施し、改善などの必要な対策を講じて航空機の信頼性向上に努めています。

このように単に整備マニュアルに従い、不具合箇所を修復するだけが航空機の整備ではありません。整備プログラムの検討や、故障原因の追究から対策の実施、場合によっては飛行機の製造会社へ設計の変更を求めることまでが航空機の整備になります。

ドック整備の様子。ほかに、エンジンを部品ひとつひとつに分解するエンジン整備や電気・油圧・空圧系統の装備品点検もある

「e.TEAM ANA」グループ一体で支える高い技術力と品質

現在、ANAグループは「e.TEAM ANA」という整備体制で航空機の整備を行っております。「e.TEAM ANA」はANAグループの「エアライン」と「グループ内の整備会社」の総称であり、グループ内のもてる能力のコラボレーションにより相乗効果を発揮しながら、ANAグループのもつ競争力を追及しています。

大きく分けると「ドック整備（格納庫での定時整備）」、「**ライン整備**（運航便の出発前整備や定時整備の一部）」、「エンジン整備」、「装備品整備」、「整備サポート」の5大部門で構成されております。

自社で整備チームをもつ理由のひとつに、すべての整備を外注化すると自社に技術者が育たないということがあります。航空機の運航・整備を支えるには高い技術力が求められますが、その技術力を養うためには豊富な整備経験を積む必要があります。そして、その経験に裏づけされた技術力があるからこそ、メーカーとも対等な交渉が行なうことができ、航空機はさらに信頼性向上を図ることが可能になるのです。

また、「e.TEAM ANA」には整備だけを請けおう専門会社にはないエアラインマインドが育ちます。エアラインの整備部門は究極的には航空機が壊れないことを目標に整備を行ないますが、整備専門会社は壊れた箇所を修復することを業務とします。「e.TEAM ANA」はANAグループとしてトータルの品質とコストをもって考えられることが強みになる体制です。

● 整備士の1日のスケジュール（例）

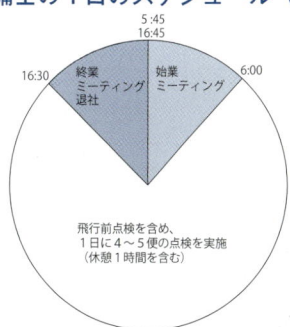

飛行前点検では、まず飛行機に電源を入れる。
1日に3・4便程度飛行間点検を行なう

ライン整備……空港のランプエリアで機体の点検・整備をしているのがライン整備士。運航便の機体を効率的に作業するいっぽう、不具合があれば遅延やシップチェンジの必要性を報告し、安全を確保する。

パイロットを地上でサポート
運航支援者の仕事

パイロットに最新の気象状況や飛行ルート、高度などを伝える運航支援者には、気象や航空法など幅広い知識が求められます。

空の最新情報をパイロットに提供

　運航支援者の仕事は、パイロットに安全な運航のアドバイスをすることです。乗務前のパイロットとブリーフィングを行ない、運航管理者がつくった**飛行計画書**に基づいて、その日の気象状況やルート、高度、空港の状況などの情報を伝えます。

　また、飛行中の航空機と無線交信をして、どのルートでどれくらい揺れがあるかなどの情報を集め、次に出発する便のパイロットに伝えます。

　運航支援者には、航空気象や航空工学、航空法など、幅広い知識が求められます。また、飛行中の航空機との無線交信をするために、航空特殊無線技士と第2級陸上特殊無線技師免許も必要です。

　実際に飛行高度や飛行ルートを決定し、飛行計画書をつくるのは、"地上のパイロット"ともいわれる運航管理者の仕事です。運航支援者の仕事を1年間行なうと、国家資格である運航管理者の受験資格が得られます。

運航支援者は複数のモニターを同時に確認しながら、ルートや空港状況を把握する

1日の勤務スケジュール

　中部国際空港（セントレア）の運航支援者のある1日を、下の図にまとめました。8:30に出社したら、まずは運航状況や注意すべきことがあるかなど、早番の担当者からの申し送り事項をチェック。最新の天気を確認し、運航に支障がないかなどを解析します。午前中はカウンター業務を担当し、パイロットに航空経路や最新の天候を伝えるブリーフィングを何回か行ないます。

　昼食をはさみ、午後からはラジオ業務。航空機からの実際のレポートを集めて、カウンター担当者に伝える仕事です。空港の最新状況を把握し、到着機や出発機のサポートも行ないます。17:30の退社の前には、アプローチ状況や空港の気象状況などを次の担当者に申し送ります。

　シフトの組み方は空港によって異なり、24時間運用の国際空港である羽田空港では、早番と遅番が2セットずつくり返されます。休みは、月によってバラバラです。

● 運航支援者の１日のスケジュール（例）

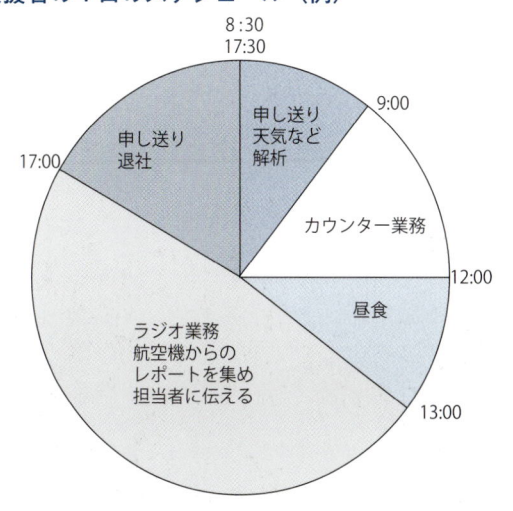

運航支援者は必要に応じて各部署との調整も行ない、その結果をパイロットに伝える

飛行計画書……飛行ルート上の天候や雲の状況、気流の乱れなどを調査し、気象条件に合わせた航路や飛行高度、代替空港、燃料搭載量などを決めたもの。作成後は、飛行ルート上の各地の航空交通管理センターに送られる。

141

ANAの歴史

ANAの航空会社コード「NH」が、前身の日本ヘリコプター輸送株式会社の略であることを知る人は少ないのではないでしょうか。60年以上におよぶANAの歴史を振り返ります。

ANAの前身は純民間航空会社 日本ヘリコプター輸送株式会社

ANAの大空への挑戦は、2機のヘリコプターからはじまりました。
純民間航空会社である日本ヘリコプター輸送株式会社が前身です。

ANAの航空会社コードは「日ペリ」の略

　ANAの前身は、日本ヘリコプター輸送株式会社、通称「日ペリ」です。

　第二次世界大戦後、日本の定期航空事業をふたたび盛んにする目的で、1952（昭和27）年に設立された純民間航空会社です。社名のとおり、2機のヘリコプターを所有し、役員12人、社員16人での出発でした。現在、ANAの**航空会社コード**が"NH"なのは、日ペリ、つまり「NIPPON HELICOPTER」の頭文字を取っているからです。

　初代社長の美土路昌一は、もともと朝日新聞社に勤めていました。朝日新聞社は、いち早く飛行機を利用しており、美土路も1937（昭和12）年にロンドンへの取材飛行を経験しています。そのときの使用機材は三菱重工業が製造した純国産機「神風号」。東京（立川）―ロンドン間の所要時間は94時間17分56秒（実飛行時間は51時間19分23秒）におよびましたが、当時としては最速で、世界記録を樹立しました。

日本ヘリコプター輸送株式会社時代に運用していたヘリコプター

全日本空輸株式会社の誕生

　設立以降、高成長を続けていた日ペリですが、世界の航空界はすでにジェット化時代に入っていました。遅れをとっていた日本の民間航空にとって、1955（昭和30）年ごろには、レベルアップが差しせまった課題となってきました。日ペリと同じ時期に設立された極東航空株式会社と合併することになったのは、自然な流れでした。

　合併が決まった1957（昭和32）年12月、日ペリは商号を「全日本空輸株式会社」に変更。翌1958（昭和33）年3月1日には、正式に合併登記が完了し、新会社のお披露目が新大阪ホテルにて華々しく催されました。新会社のキャッチフレーズは「日本の空をもれなくネットする」です。

　現在は「全日空」という略称が広く知れわたっていますが、当時は全日空輸、全日航、全日航空などさまざまな呼称が誤用されていました。

F27型全日空一号機（JA8601）が羽田空港に到着。機体には全日本空輸の文字が見える

航空会社コード……航空会社を表わす2文字のアルファベットのことで「2レター・コード」とも呼ばれる。ANAは"NH"、JALは"JL"。都市や空港コードは3文字のアルファベットで表わすため「3レター・コード」と呼ぶ。

発展と低迷の歴史
国際線進出とオイルショック

華々しい国際線進出や業績低迷を招いたオイルショック。ANAの長い歴史のなかには、いろいろなできごとがありました。

香港へのチャーター便からスタート

　戦後しばらく、国際線を運航する航空会社は一国一社と決まっていましたが、1970（昭和45）年11月に近距離国際チャーター進出が認められました。ANAの国際チャーター第1便が羽田から香港に向けて飛び立ったのは、翌1971（昭和46）年2月21日のことでした。

　ANAの本格的な国際線進出は、日米航空交渉暫定合意によって実現します。1986（昭和61）年3月に成田—グアム線が就航し、そのあとは成田—ロサンゼルス線、成田—ワシントンD.C.線の順に米国路線を開設。その後、北京・大連・シドニー・ソウル・ロンドンなど、世界各地に路線を拡大していきました。

　ちなみにANAは1961（昭和36）年に鹿児島—那覇線を開設しました。当時の沖縄はアメリカの統治下でしたから、実際は、これがANAにとって初の国際定期便だったといえるかもしれません。

成田—グアム線就航を記念して行なわれた初便行事

二度のオイルショックで減便も経験

　長い歴史のあいだには業績が低迷するできごともありました。**オイルショック**もそのひとつです。第4次中東戦争が起こった1973（昭和48）年10月、OAPEC（アラブ石油輸出国機構）が石油価格を一気に引き上げました。その影響でANAは翌年1月16日〜31日までのあいだ、定期便の5.2%にあたる11路線332便を減便。2月1日〜28日には同4.6%にあたる12路線545便の減便を余儀なくされました。

　さらに、1979（昭和54）年1月のイラン革命を機にふたたび石油価格が高騰。第2次オイルショックが起こりました。

　燃料は航空会社にとって極めて重要なテーマであり、近年環境問題もふまえ、ANAでは燃料削減策を積極的に実施しています。

　エンジン水洗いによる2006（平成18）年度の燃料削減効果は1万7,000キロリットルでした。これは東京―大阪間をボーイング777-200型機で1,070往復できる燃料です。

ANAの国内線の主力機であるボーイング777-200の機体。1995（平成7）年から就航

オイルショック……1970年代に2回起こった石油価格高騰による混乱のこと。第1次オイルショックでは、OAPEC（アラブ石油輸出国機構）が石油価格を4倍近く引き上げた。

会社の最重要設備
航空機材の移り変わり

運航機材も時代とともに変化しています。歴史に名をきざむ名機や現役の最新鋭機まで、数多くの機体が大空を駆け抜けてきました。

※数ある機材のなかから抜粋して紹介

■ダグラスDC-3

ボーイング社（当時のダグラス・エアクラフト社）が開発したプロペラ旅客機・輸送機

■ボーイング727-100

全日空がはじめて導入したジェット機。ストレッチタイプのボーイング727-200と合わせると、30年近くも全日空で活躍した、高度成長時代の主力機だ

■ロッキードL-1011トライスター

アメリカのロッキード社（現在のロッキード・マーティン社）が開発・製造したジェット旅客機

発足当時の主力旅客機は、たったの31人乗り

　全日空発足当時の主力機は31人乗りのダグラスDC-3でした。1964（昭和39）年には、初のジェット旅客機ボーイング727-100が就航。大量輸送時代が幕を開けた1974（昭和49）年には、定員300人クラスの大型の3発ジェット機ロッキード L-1011 トライスターを導入し、同社初の国際定期路線である成田―グアム間も同機材で運航しました。

　「ジャンボ」の愛称で親しまれたボーイング747SR-100の導入は、1979（昭和54）年でした。ANAが開発から携わったボーイング787-8のデビューは2011（平成23）年です。

■ボーイング747（SR-100）

「ジャンボ」の愛称で親しまれた。SR は短距離（Short Range）の略

■ボーイング777-300ER

羽田―ロンドン、パリ、フランクフルト線などで活躍中だ

■ボーイング787-8

787 型機の基本型で、最初に開発されたモデルだ

ネットワークや関連事業を拡大
ほかの会社との提携

他社とのコードシェアにより、国際線のネットワークを拡大してきました。ホテル事業でもジョイントベンチャーを設立しています。

初のコードシェアはストックホルム線

　いまやANAのネットワーク戦略において、コードシェアなど、ほかの航空会社との提携はなくてはならないものになっています。ANAがはじめてコードシェアを開始したのは、1989（平成元）年4月。相手はスカンジナビア航空で、業務提携によって開設された東京（成田）―ストックホルム線が就航しました。

　続く同年7月には、オーストリア航空とアエロフロート・ソ連航空（現アエロフロート・ロシア航空）との3社業務提供によるコードシェアで、東京（成田）―モスクワ―ウィーン線を開設しました。3社によるコードシェアは世界的にもはじめてのことでした。

　ちなみに東京（成田）―ウィーンに直行便が飛ぶようになったのは、それから8年後の1997（平成9）年です。

　世界的な航空市場のなかで、ANAの存在感を強めるきっかけとなったのが、1999（平成11）年に「スターアライアンス」に加盟したことです。これによりANAの国際線のネットワーク拡大にはずみがつきました。

成田―ストックホルム線就航時の様子

旅行業やホテル業にも進出

　ANAは、不動産業や旅行業、ホテル事業など関連事業の展開も積極的に進めていました。航空運送事業は公共性や経済の好不況の影響を受けやすく、安定した収益を確保するためには不可欠なことだったのです。

　旅行業では、1972（昭和47）年にはANAが企画し、グループ企業の全日空商事株式会社が主催した「スキーツアー北海道」が大ヒット。旅行先で「ビッグスニーカー号」というバスを自由に利用できる特典が話題になりました。そののち2003（平成15）年には、ANAグループ内の旅行事業はANAセールス＆ツアーズ株式会社に統合され、現在にいたります。

　ホテル事業では、世界有数のホテルグループであるインターコンチネンタルホテルズグループ(IHG)とANAグループのホテル運営会社であるANAホテルズ＆リゾーツが2006年（平成18）年に資本提携し、ANAとしてはホテル事業から撤退。ジョイントベンチャーとして**IHG・ANA・ホテルズグループジャパン**が誕生しました。

©Jo 2007

札幌全日空ホテルの外観

IHG・ANA・ホテルズグループジャパン……国内32のホテル、9,500室以上の客室を展開（2015〈平成27〉年12月現在）。インターコンチネンタル、ANAクラウンプラザホテル、ホリデイ・イン、ANAホテルがある。

ANAのトリビア

ANAグループでは、多くのユニークなサービスを展開しています。ここでは、航空券やマイル、機内食など、多岐にわたるANAのひみつに触れてみましょう。

新しい路線の決定は
ネットワーク部が担当

新規路線の開設は、航空会社の経営戦略に深くかかわります。ANAでもマーケット需要を勘案し、最適なネットワークが築かれています。

事業計画の要

　ANAでは、新規路線の開設を担当するのはマーケティング室ネットワーク部です。ここでは、ANAグループの**航空輸送事業計画**と呼ばれる、単年度および中長期における事業戦略や、路線便数、運航ダイヤ計画などの策定に携わっています。

　運航ダイヤについては、利用者の利便性や収益性の向上を図りながら、マーケットの需給や競争環境を総合的にみて計画しています。

　新規路線の開設には、ボーイング787が大きな役割を果たしています。従来は777型機のような大型機でしか運航できなかった長距離路線ですが、中型機でも航続距離の長いこの機材の導入により就航できるようになりました。

　北米ではサンノゼやシアトル、欧州ではデュッセルドルフやブリュッセルなどの路線に787が投入され、需要と供給のバランスのとれたネットワークを展開できるようになりました。

©T A 2009

ボーイング787が発着しているデュッセルドルフ空港

近年の新規路線は海外がメイン

　ANAの国内線はすでに全国に路線を広げ、新たに開設する路線はそう多くありません。しかし、需要動向をふまえ、季節限定の運航便や便数の増減、使用する機材を最適化することで、利用者の利便性を高めています。

　新たな路線の開設は国際線が中心です。2015（平成27）年度、新たに就航した路線は、4都市。北米のヒューストン、アジアのクアラルンプール、ベルギーのブリュッセルに続き、12月11日からオーストラリアのシドニーへも就航されました。現在世界の各方面39都市へと就航し、国内の航空会社としては最大の国際線ネットワークを構築しています。

　一方で運休する路線も出てきています。最近の例では、羽田空港国際線ターミナルの開設とともに就航した羽田─パリ線によって需給バランスを見ながら、成田─パリ線を運休し羽田に集約することになりました。

羽田からの便が発着するパリ＝シャルル・ド・ゴール空港

©Greenboost 2008

マメ蔵 mamezou

航空輸送事業計画……ANAグループの国内線、国際線、貨物専用便における新規開設路線や増便、減便・運休便、機材変更などの計画のこと。上期と下期の計画を国土交通省へ申請し、認可を受けてはじめて実行が可能となる。

運航ダイヤは夏と冬の２回
３月と10月に更新される

航空会社は、あらかじめ決められたスケジュールに基づき運航しています。ダイヤの策定材料は、季節便や需要動向などさまざまです。

夏ダイヤと冬ダイヤ

　航空会社は、**年間の運航ダイヤ**を、夏ダイヤと冬ダイヤに分けています。通常、夏ダイヤは３月最終日曜日から、冬ダイヤは10月最終日曜日にスタートし、それぞれの開始期間の２カ月ほど前に路線計画が発表されて、航空券の販売がはじまります（国内線）。

　たとえば、夏ダイヤはお正月が終わってすぐの１月下旬に発表されています。ゴールデンウィークや夏休みなどの長期休暇には、リゾート路線を中心に増便されることも多く、年が明けたと思ったらもう計画を立てる準備をはじめなければなりません。

　新ダイヤ期間の航空券は、一般発売に先がけて、会員種別に応じて販売がはじまります。ANA プレミアムメンバーには真っ先に販売が開始され、さらに ANA カード会員や ANA マイレージクラブモバイルプラス会員などへも、先行販売が行なわれています。

夏と冬の２種の運航ダイヤに従って飛行機は離着陸している

季節や需要に合わせてダイヤを設定

　国内線のダイヤは、季節の需要に合わせて調整されています。羽田発着路線についても夏になると沖縄へのリゾート路線や、北海道などの避暑地への路線が増便される傾向にあり、需要と供給のバランスが保たれています。

　このほか、社会の変化にも柔軟に対応しています。たとえば、新しく登録された世界遺産には注目が集まるため、対象路線を増便したり、新幹線の開通などマーケット環境の変化を見ながら調整することもあるのです。他社との競合路線の状況などもふまえ、毎回最適なダイヤが検討されています。

　一方の国際線は、新ダイヤとともに新規路線の開設や増便計画などが発表されます。国際線の新規路線の開設には、国内線と同様に空港の発着枠を新たに確保する必要があり、空港の発着枠拡大などを有効に活用しています。また国際線にとって重要な役割を担う使用機材の見直しも行なわれ、需要の増加に伴って運航機材が大型化することもあるのです。

ANAが企画したツアーの一例。季節に応じたツアーが組まれることがある

年間の運航ダイヤ……ダイヤの期間は、IATA（国際航空運送協会）という組織が定め、全世界で共通する。3月の最終日曜日にダイヤが切り替わるのは、ヨーロッパの夏期間（サマータイム）に合わせるためだ。

航空機の購入、リースや売却は調達部が担当

ANAグループの機材は、機材計画に基づいて購入されています。約40億〜400億円の高額な買い物で、検討内容は多岐にわたります。

機内の座席を選ぶのもこの部署

　ANAグループでは、調達部という部署が航空機の購入、**リース**や売却の担当をしています。

　航空機の購入、リースや売却にはさまざまな調整が必要で、その仕事内容は、航空機メーカー、リース会社や売却先との価格交渉に限りません。

　とくに国際線仕様機では、乗客が機内で長い時間をすごすため、居住性や快適性などの品質を高めることは重要な課題です。最適な客室レイアウト・座席数に合わせた、シートや機内エンターテイメントシステムの選定もこの部署の仕事なのです。

　また、経済性を追求することも調達部の大事な役割です。運航コストの多くを占めるのが燃油費であるため、燃費効率のよい機材を検討しています。

　2014（平成26）年7月に導入したボーイング787-9は、777-200とほぼ同じ大きさであるにもかかわらず、総重量は15tほど軽く、ロールスロイス社の最新エンジンを装備しているため、燃費性能のよい機材です。

反り上がった主翼のしなりが美しい、飛び立った 787-9 の機体

機材選定のポイント

　旅客機は、製造メーカーのカタログ価格では1機あたり40億円〜400億円もする高額な商品です。実際の購入金額は交渉しだいで各社異なり、残念ながら公表されることはありませんが、まとめて購入すると大幅に割引されることもあります。

　航空機をいったん導入すると、長い場合には20年以上使用することもあるため、どのような機種を選定し、どのような機材構成で事業を行なうかは、航空会社の経営を左右します。

　検討ポイントとして、機材の燃費効率や運航性能はもとより、就航空港の滑走路の長さや施設、騒音や環境への配慮などの外的条件も大切です。

　さらにパイロットや客室乗務員、整備士などの人員、格納庫や訓練施設などの設備、エンジンをはじめとした装備品や部品の調達などのさまざまな要素を考慮する必要があるのです。

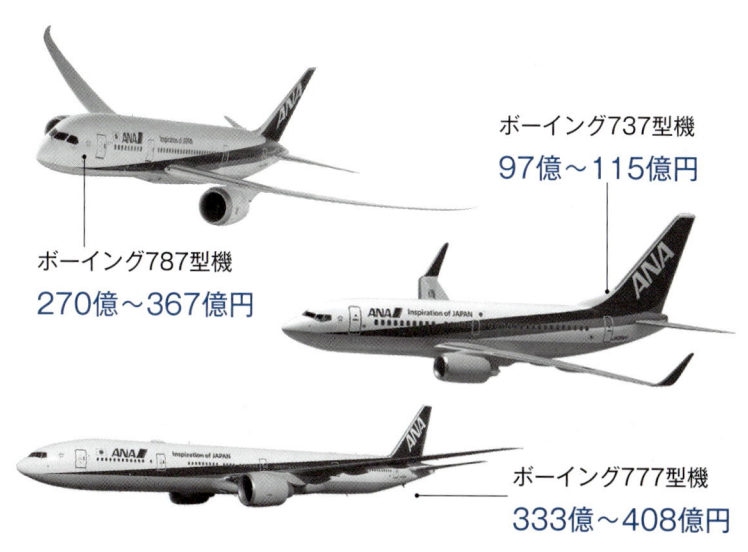

ボーイング737型機
97億〜115億円

ボーイング787型機
270億〜367億円

ボーイング777型機
333億〜408億円

ボーイング社の主要機材の2014（平成26）〜2015（平成27）年のカタログ価格（1米ドル＝120円で換算）

リース……ここでは、リース会社から航空機を借りることをいう。ANAが運航する機材には自社購入機とリース機がある。リース機の場合、リース会社に賃借料を支払って使用するが、塗装や内装などは航空会社の仕様となる。

ペットと一緒の旅行が可能 ANAペットらくのりサービス

家族の一員としてペットを旅行に連れていく人が増えています。ANAはさまざまなサービスを実施し、ニーズに応えています。

ペットも安心して空の旅へ

近年ペット同伴OKのホテルや施設が増えてきており、ANAも同様に「ペットらくのりサービス」を提供しています。

預けることができるペットは、犬・猫・小鳥・うさぎ・ハムスターなどの小動物で、事前予約なしに、すべての路線でサービスの利用が可能です。

ペットは専用のケージに入れ、自分のスーツケースと同じように手続きをします。ペットと一緒に機内ですごすことはできませんが、出発の15～30分前までは空調の効いた空港カウンターまたは保管スペースで大切にあつかってくれるので安心です。

いよいよ出発時刻が近づくと、ケージは一般の手荷物用コンテナではなく、ペット運搬に適した荷台つきの車両で機体のそばまで運ばれ、機体後部の**バルクカーゴ**という貨物室へ、係員が手でひとつずつ運んでいます。空港へ到着したあとは、手荷物受取所で係員から飼い主へと手渡されます。

バルクカーゴに運ぶために通路が用意され、ここに係員がひとつずつ運んでいく

短頭犬種は要注意

　貨物室にペットを乗せるときには、専門家のアドバイスのもと、温度や湿度、気圧などの調整をしています。しかし、飛行機のエンジン音や振動、貨物室内の暗さがペットのストレスになることも少なくありません。

　とくにブルドッグやシーズー、パグなどの短頭犬種は敏感で、高温や揺れなどで負担がかかるといわれています。夏場は熱中症や呼吸困難を引き起こすおそれがあるので、ANAでは、毎年6月1日〜9月30日はサービスを控えています。

　寒暖の対策として、夏は保冷剤などの冷却グッズ、冬はペット用カイロなどを用意するよう利用者に案内をするほか、ANAでも、夏季限定でケージに保冷剤や給水器を取りつける独自のサービスを行なっています。

　フライト中はペットの姿が確認できないため、万全の体制を整えているのです。

係員は利用者のペットを慎重に運ぶ

　バルクカーゴ……ペットなどが乗る貨物室は、客室の床下にある。主翼部分を境に、前方と後方貨物室に分けられており、後方貨物室のさらにうしろにある貨物室のこと。胴体が細くなっている部分から後方のドア付近までだ。

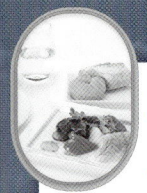

あこがれの職業
ANAのパイロット

ANAのパイロット採用は、おもにふた通り。経験者も未経験者も
パイロットとして採用されるチャンスが与えられています。

まずは地上での経験

　ANAにパイロット候補生として入社すると、最初に経験するのは地上
での業務です。まず、札幌・東京・成田・名古屋・大阪などの各空港や支
店に配置され、旅客係員や営業、整備スタッフとして約1 〜 2年の経験を
積みます。パイロットとして働く前に、社会人として必要な知識を身につ
けるためです。

　航空大学校や東海大学などの私立大学の航空操縦学を専攻した操縦経験
者は、**事業用操縦士**の資格をもって入社しており、地上配置期間を終える
と副操縦士昇格訓練に入ります。担当機種の専門知識・操作手順を習得す
る学科訓練を受け、フルフライトシミュレーターを利用した本格的な操縦
訓練が続きます。

　その後、試験（学科・実技）を受けてライセンスを取得すると、路線訓
練で実際に乗務しながら、先輩の運航技術を学びます。副操縦士昇格審査
に合格し、副操縦士として飛ぶことができるまでに、約10 〜 12カ月か
かります。

パイロット候補生たちが学科訓練に励む様子。同期は共に試練を乗り越える同志として、助け合い
ながらレベルを高めていく

新しい自社養成訓練、「MPL訓練」

　一般大学を卒業した“操縦未経験”の自社養成訓練生も、地上配置期間を同様に終えてから、ライセンスの取得課程に入ります。

　ANAは、自社養成訓練としてMPL（マルチクルー・パイロット・ライセンス）訓練という新しい訓練体系を2014（平成26）年秋にスタートしました。

　MPLは、エアラインの副操縦士業務を行なうことに限定したライセンスです。このライセンスを取得するMPL訓練はエアラインの副操縦士に必要な能力を分析し、より効果的に獲得出来るよう工夫して設計されています。

　またドイツのルフトハンザ・フライト・トレーニングと協力した訓練となっており、①日本・ドイツでの基礎学科訓練、②アメリカでの単発機の実機およびシミュレーターによる飛行訓練、③ドイツに戻って、小型ジェット機の学科訓練、シミュレーターおよび実機による飛行訓練を行ないます。この海外での訓練を経て、帰国後にANAでの担当機種の訓練に挑みます。

　MPL訓練は、従来の訓練と異なり、ふたり乗りの航空機の操縦士に必要な能力、操縦士間の連携やコミュニケーション力向上に力を入れ、エアラインでの運航を早期段階から意識したシームレスな訓練となっています。

　そのため、副操縦士昇格までの訓練期間は約30カ月となり、早期のパイロット養成が可能となっています。

フルフライトシミュレーターは実機さながらのつくりで、操縦訓練に欠かせない装置

事業用操縦士……航空会社で副操縦士として航空機を操縦するために必要な国家資格。遊覧飛行などの報酬目的で使用する場合にも必要なライセンスであり、車の運転免許でいうと、第二種運転免許に相当する。

講師は現役キャビンアテンダント
ANAエアラインスクール

エアライン業界をめざす学生のためのスクール「ANAエアラインスクール」。授業にはANAグループの施設も活用されています。

講師は現役のキャビンアテンダント、グランドスタッフ

　ANAグループの総合人材サービス会社、ANAビジネスソリューション株式会社が運営する**ANAエアラインスクール**は、おもにエアライン業界をめざす学生のためのスクールです。東京校は2013（平成25）年10月に、大阪校は2014（平成26）年6月に開設されました。

「キャビンアテンダントコース」では、ANAの現役キャビンアテンダントが講師を務め、社会人としての基礎力から接遇の基本まで幅広く教えてくれます。

　訓練センター施設での体験授業や機内食工場の見学もあるのは、ANAグループが運営するスクールならでは。また、AIR DO、ソラシドエア、スターフライヤーの客室乗務職採用推薦校の指定を受けています。

　大阪校では、2016（平成28）年、グランドスタッフをめざす学生のための「グランドスタッフコース」と、航空業界に限らず社会に出て活躍するために必要な基礎力を学ぶ「ジェネラルコース」を新たに開講しました。

受講の様子。現役のキャビンアテンダントによって講義が行なわれる

おもてなしの実践として空港での実務体験も

　ANAエアラインスクールは、短大や大学に通いながらでも受講できるダブルスクール型なので、授業は夕方からはじまります。「キャビンアテンダントコース」では、立ち居振舞いや言葉遣いなど社会人基礎力や接遇力を学びます。ベーシックコースを修了した人を対象にしたアドバンスコースでは、好感度を上げる就活メイク指導やサービスのロールプレイなど、より実践的な内容が組まれています。

　ベーシックとアドバンス、いずれのコースも東京校は全24回（3カ月）、大阪校は全16回（2カ月）。期間の短い大阪校では空港での実務体験などがオプショナルで受講できます。

　大阪校の「グランドスタッフコース」は、ANA大阪空港株式会社の現役グランドスタッフが講師を務め、空港旅客サービスの利用者対応を想定したプログラムを通じて、一歩踏みだす行動力を身につけます。

空港実務体験の様子

ANAエアラインスクール……料金は、東京校の「キャビンアテンダント ベーシックコース」が全24回（1回1.5時間）で28万5000円（税抜）。大阪校の「グランドスタッフコース」は16万円（税抜）。

ANAの合言葉
あんしん、あったか、あかるく元気！

ANA社内には、社員に共通して使われる用語から、全社員の行動指針にかかわるものまで、多くのキーワードが存在しています。

ANA特有の飛行機の呼び名

飛行機の呼び名は、各航空会社で異なる場合があります。ANAでは、ボーイング737のことを「ビースリー」、767のことを「ビーロク」、787のことを「ビーハチ」などのように呼びます。ボーイングの「B」と、3つ並んだ真ん中の数字を組み合わせた愛称をつけているのです。

また、客室乗務員がよく使う言葉には、就航地で宿泊する意味の「ステイ」のほか、就航先の略称などがあります。たとえば、サンフランシスコは「サンフラン」、シンガポールは「シンガ」、ホノルルは「ルル」など。

空港には、通常アルファベット3文字（スリーレター）のコードが使われます。ワシントンは「IAD」、ロサンゼルスは「LAX」、小松空港は「KMQ」ですが、「コマキュー」とCAのあいだでかわいいニックネームをつけることもあるそうです。

名称	呼び名
ボーイング 737	ビースリー
ボーイング 767	ビーロク
ボーイング 787	ビーハチ

ボーイングの「B」と3つ並んだ真ん中の数字を組み合わせた愛称だ

ANAのイメージはひまわり

「あんしん、あったか、あかるく元気！」

　この言葉は、2004（平成16）年に発足した**CS（顧客満足）**を重視した活動「ひまわりプロジェクト」により、社内で産声をあげました。

　各グループ企業から約60人の社員が集まり、「2009（平成21）年度にアジアでナンバーワンになる」という中長期的な経営ビジョンのもと、議論が交わされたのです。

　当時のANAが探していた「ANAらしさ」は、ひまわりの絵にたとえられました。利用者は太陽、社員はそれに向かって咲き続けるひまわりです。

　この合言葉は、現在もグループ行動指針（ANA's Way）として掲げられています。グループに属する全社員がもつべき心構えとして、①安全、②お客様視点、③社会への責任、④チームスピリット、⑤努力と挑戦、の5つの軸が行動指針となっており、現在も変わらず全社員のモットーになっています。

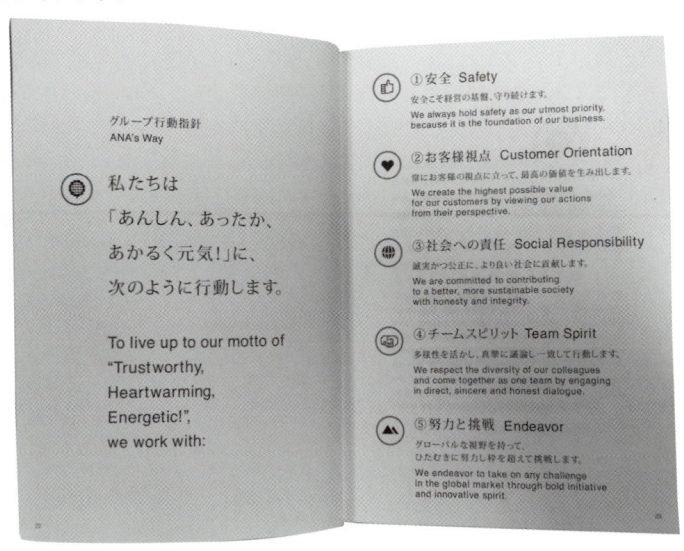

『ANA BOOK』に書かれているグループ行動指針（ANA's Way）

CS（顧客満足）……ANAでは、顧客満足度向上のため、2002（平成14）年にCS推進室を設立した。以来、おもてなし文化を大切にしている。顧客はもとより「企業は人なり」と考え、ES（従業員満足）にも力を入れている。

乗って、買って、かしこく使う ANAのマイル

飛行機に乗るとマイルが貯まるサービスは、いまや当たり前。「ANAマイレージクラブ」は、1997（平成9）年に開始されました。

ふたつの方法でコツコツ貯めるマイル

　マイルを貯めるには、飛行機に乗る方法と、クレジットカードを使うなどの方法があります。マイレージはお店のポイントカードと同じで、マイルが貯まれば特典と交換できる、とてもシンプルなしくみです。

　5,000マイル以上から、国内線の航空券に交換することができます。飛行機に乗る場合、羽田―新千歳線の区間基本マイルは510マイル。往復しても1,020マイルで、5往復してやっと特典と交換することができます。

　特典獲得のためには、ANAカードを使って貯めるのが鉄則です。通常100円の買い物につき1～2マイルが得られ、公共料金や家賃をクレジットカードで支払えば、意外と早く貯まるのです。

　『ANA Travel & Life』のなかに、『Life & Mile』の特集ページが掲載されています。お得なマイルの貯め方や使い方など、ちょっとした小技が満載です。

「ANA Travel&Life」（http://www.ana.co.jp/asw/index.jsp?type=v）のコンテンツ「Life&Mile」のトップページ

会員の声から生まれた「ANA SKY コイン」

ANAのマイレージが他社のサービスと大きく異なるのは、マイルをお金代わりに使えるANA SKY コインに交換できることです。

このコインは、現在1マイルから1倍〜最大1.7倍のレートで交換でき、10コイン（10円相当）から利用することができます。インターネットで航空券を購入する際にも充当できるようになり、「**特典航空券**に換えられるほどのマイルがない」や「もうすぐ有効期限が切れてしまうマイルがある」などの場合に便利なシステムです。

期限が近づいたマイルをコインに換えることで使用期間が1年延び、ムダを防げるようになったうえに、座席数に限りのある特典航空券が満席のときでも、コインを使用して通常の航空券を購入することができるのです。

このANA SKY コインは、会員から寄せられた声で実現したもので、2014（平成26）年にスタートしました。

● ANA SKY コインの使い方

沖縄へご旅行の場合（例）

旅行代金
（航空券＋宿泊）
3万5,500円

＝

2万1,230マイルを
2万7,230コインに
交換してお支払い

＋

差額分8,270円を
クレジットカードで
お支払い

● ANA SKY コインのメリット

☑ **10円単位（10コイン＝10円分）** から、利用可能！

☑ **航空券**や**旅行商品**の予約がとりやすい！
特典航空券とちがい、**空席がある限り予約が可能！**

☑ **燃油サーチャージ**のお支払いにも！
特典航空券との併用はできません

☑ ANA SKY コインのお支払いでも**フライトマイルが貯まる！**

マイルからの交換などで貯めた「ANA SKY コイン」を使用して、通常の航空券を購入することができる

特典航空券……貯まったマイルを使って発行される航空券のこと。国内線や国際線はもちろん、提携航空会社の航空券も利用できる。路線により必要マイル数は異なり、国内線は5,000マイルから片道航空券に交換可能。

半額運賃で飛行機に乗れる ANAの株主優待のひみつ

ANAが一部上場したのは1972（昭和47）年のこと。株主優待として、航空券の割引や予約変更など便利な特典を提供しています。

半額の運賃で飛行機に乗れる

　ANAの**株主優待券**を使うと、ANA国内全路線において、1枚につき片道1区間を普通運賃の50%で利用することができます。予定が2カ月以上前に確定している場合には、通常の割引運賃のほうが安いことがほとんどですが、直前に購入する場合などは非常に便利な特典です。

　株主優待券は、1,000株以上を所有している株主に毎年送られます。

　株主優待券は、5月中旬と11月下旬の年2回発送され、その枚数は1,000株以上2,000株未満の場合は1枚ずつ年間2枚、2,000株以上3,000株未満の場合は2枚ずつ年間4枚など、所有株数に応じて異なります。

　ゴールデンウィークや夏休み、年末年始などの航空券が割高になる時期でも、座席数に空きがあれば利用することが可能です。

　株主優待券は無記名式のため、株主以外でも使用することができます。金券ショップなどで入手し、有効活用してみるのもいいかもしれません。

※2016（平成28）年6月1日ご搭乗分より、一部の便において販売座席数が制限されます。

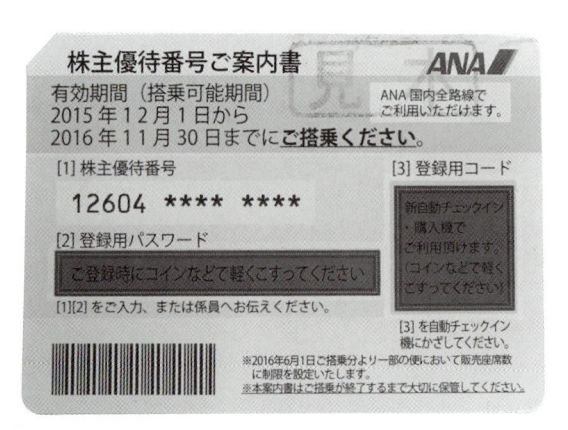

株主優待券を利用する場合には、航空券の購入後、株主優待番号および、スクラッチの下に記載された登録用パスワードを事前に登録する必要がある

株主優待でプレミアムクラスに

　ANAのプレミアムクラスに乗るときは、株主優待券を利用するとお得です。「プレミアム株主優待割引」という割引運賃があり、「株主優待割引」の運賃におよそ7,000円（搭乗区間によって異なる）を追加することで利用することができるのです。

　プレミアムクラスは、搭乗当日に空席がある場合は、上限9,000円の追加料金でアップグレードすることが可能ですが、当日空港へ到着するまで空席状況はわかりません。事前に少ない追加料金で予約できるのも、株主優待券のメリットです。

　急に用事ができ、日程や時間を変更する必要がある場合にも、株主優待券の有効期間内であれば無料で予約便の変更が可能です。

　反対に、直前まで予定が決まらない場合や、急な出張などにも便利。株主優待用に割り当てられた座席が空いていれば、搭乗当日まで予約が可能です。料金は一律で、予約日に関係なく普通運賃の50%です。

優待券（クーポン）は、この冊子の19〜38ページにございます。
ANA株主優待に関するお問い合わせは
ANAホールディングス株式会社　TEL.（03）6735-1001
（コーポレートコミュニケーション室　グループ総務・CSR部 株式チーム）
（平日 9:00〜12:00、13:00〜17:00／土・日・祝・12/29〜31 休）

ANAの株主には、年に二度、株主優待券と一緒にクーポンの入った冊子が郵送される。提携ホテルやレストラン、空港内売店などの割引券が入ったお得な優待サービスだ

マメ蔵　**株主優待券**……従来の「株主特別優待券」が、2015（平成27）年上期発行分より、「株主優待番号ご案内書」に名称が変更された。搭乗までに、株主優待番号と、スクラッチで目隠しされたパスワードの登録が必要となった。

マイルを貯める裏技 フレックスパートナー制度

対象便の定員よりも多くの利用者が予約している場合、ANAはフレックスパートナー制度により、便の変更が可能な利用者を探します。

乗らずにマイル獲得のチャンス

航空会社は、定員数よりも多く予約を受けつけることがあります。当日のキャンセルや予約変更、**ノーショー（NO SHOW）** などを見越して、空席をできる限り出さないようにするためです。

これを「オーバーブッキング」といい、定員数よりあふれたぶんの利用者の調整をしなければなりません。フレックスパートナー制度は、このような場合に、「わたしは別の便に変更できますよ」と、あらかじめ手をあげておくシステムです。

ただ便を変更するだけでなく、協力した場合には、現金やマイルを受け取ることができるお得なしくみです。通常は、「協力金」として現金1万円か、7,500マイルが提供されます。代替交通手段の出発が翌日以降になってしまう場合には、2万円または1万5,000マイルになるほか、宿泊費などが提供されることもあります。

● フレックストラベラー制度

代替交通手段振替日	協力金
当日	1万円
翌日以降	2万円

※代替交通手段振替日とは、代替交通手段の出発日のことをいいます。

● AMC フレックスパートナー

代替交通手段振替日	協力金または AMC フレックスパートナー協力マイル
当日	1万円または 7,500 マイル
翌日以降	2万円または 1万5,000 マイル

ANA マイレージクラブ会員なら、AMC フレックスパートナーにあらかじめ登録している場合、協力金に代えて「AMC フレックスパートナー協力マイル」の選択も可能だ

羽田に戻る最終便が狙い目

　オーバーブッキングは、金曜日の伊丹や福岡から羽田へ向かう最終便でよく発生します。出張が終わって東京に帰るビジネス客が多い路線です。

　マイルを貯めることに全力をそそぐ「マイラー」のなかには、この制度を狙う人が多いといいます。

　彼らは、運航便当日に出発空港で協力願いのアナウンスが入ると、真っ先にカウンターへ駆けつけます。また、預けた荷物がある場合は取りもどすのに時間がかかるため、マイラーの荷物は機内に持ち込める程度の手軽なサイズで、預けることはありません。

　さらに、協力金としてマイルを受け取りたい場合には、フレックスパートナーとして事前登録しておく必要があります。この登録をすることで、優先的に選ばれることもありますが、かならず協力しなければならないわけではないため、損をすることはありません。

©Sekicho 2006

伊丹空港（大阪国際空港）は、関西国際空港および神戸空港とともに関西の三大空港のひとつだ。オフィス街へのアクセスがよく、とくにビジネスマンのニーズが非常に高い

ノーショー（NO SHOW）……予約をしているにもかかわらず、キャンセルをせずに空港に現われないことをいう。予約がないにもかかわらず、利用者がチェックインカウンターに現われることをゴーショー（GO SHOW）という。

東京オリンピックで
聖火を空輸したYS-11

戦後初の純国産旅客機として開発されたYS-11。その活躍が一役買われたのは、聖火輸送の日本縦断フライトでした。

正式導入は聖火輸送のあと

"YS-11"が世間の注目を集めたのは、1964（昭和39）年に開催された東京オリンピックの聖火リレーでした。聖火はギリシャのアテネから沖縄まで日本航空のダグラスDC-6Bで輸送されたあと、沖縄から鹿児島、宮崎を経由して札幌へと日本を縦断しました。この聖火を運んだのが、戦後初の国産機のYS-11だったのです。

当時使われた機材は、ANAが日本航空製造からリースしたもので、チャーター便として運航しました。聖火輸送にあたって、パイロット訓練が特別に行なわれ、聖火を安全に輸送するための対策を練るなど、各社協力して体制を整えました。

ANAは、その翌年に正式にYS-11を導入し、それ以降合計3機が就航しました。ANAが運航するYS-11の機首には「オリンピア」の文字がきざまれました。

東京オリンピックで国内の聖火空輸フライトを務めた YS-11 の機体の前で、担当したパイロットや客室乗務員などの関係者が並ぶ

国内でYS-11に出合える場所

　YS-11は合計で182機が製造され、日本国内だけでなく海外にも輸出され運航されました。座席数は60 ～ 64席と小柄な機体でしたが、1回で何十人もの乗客を運ぶ代わりに、大阪（伊丹）と高松や高知を結ぶ短い路線を1日に何往復もし、日本では国内の短距離線で役目を果たしました。

　YS-11の名前は、輸送機設計研究協会が開発したことから、YSは「輸送機」と「設計」の頭文字からとっています。また、数字の11は、エンジン候補案と機体仕様案のなかから、それぞれ第1案を採用したためにつけられました。

　2006（平成18）年に運航を終えたYS-11ですが、いまでも見ることができます。航空発祥の地である所沢の**航空公園駅**前の広場ほか、航空科学博物館、かかみがはら航空宇宙科学博物館に加え、かつて就航していた佐賀空港や但馬空港、さらに高松空港の滑走路沿いにある「さぬきこどもの国」にも展示されています。

西武新宿線「航空公園」駅前に展示された YS-11 は、当時のエアーニッポンで運航されていた。いつでも外から眺めることができるが、年に一度の一般公開では、機内を見学することができる

航空公園駅……埼玉県所沢市に位置する西武新宿線の駅のひとつ。駅舎のデザインは、所沢飛行場で1911（明治44）年にはじめて飛行した「アンリ・ファルマン複葉機」をイメージしている。

ANAの記録さがし
国内最短・最長路線

島と島を結ぶ30分のルートから、日本を南北に縦断する約4時間のフライトまで、ANAは幅広く路線を展開しています。

フライト時間は国際線並み

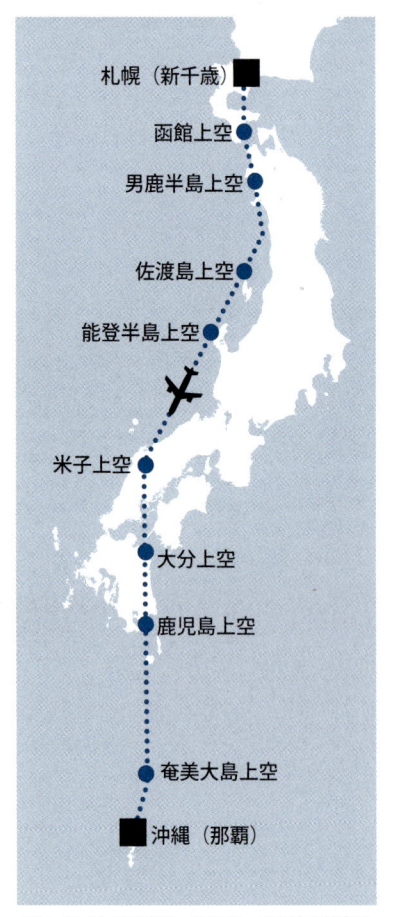

札幌（新千歳）

函館上空

男鹿半島上空

佐渡島上空

能登半島上空

米子上空

大分上空

鹿児島上空

奄美大島上空

沖縄（那覇）

ANAの国内最長路線、新千歳―那覇線の航空路

ANAの国内最長路線は、新千歳―那覇線です。もともとは、冬季限定の季節運航便として、2012（平成24）年10月下旬に運航をスタートしました。それ以前は2001（平成13）年3月まで同区間を運航していた実績があり、11年ぶりの復活でした。

現在は定期運航便として、1日1往復2便を飛ばしています。国内線としてはもっとも長い距離を飛ぶ便ですが、運航機材はボーイング737-800という定員168人の比較的小さな飛行機です。

フライトスケジュールは、札幌発が10時45分、沖縄着が14時45分と、4時間のロングフライトです（2016〈平成28〉年1月ダイヤ）。

この便に乗ると、片道で一気に1,397マイルが貯まりますが、これは、国際線の東京（羽田、成田）―台北線（1,330マイル）よりも長く、東京（羽田、成田）―ソウル（仁川、金浦）線（758マイル）とくらべると倍近い数で、まるで国際線のフライトのようです。

ANAの最短路線

一方でANAの国内線最短路線は、石垣ー宮古線です。たった30分で飛ぶこの便は、いったん離陸するとすぐに降下をはじめます。

機内のドリンクサービスがあるため、キャビンアテンダントもたいへんです。**シートベルト着用サイン**が消えるとともに、バタバタとカートをひいてサービスを開始し、限られた時間ですべての乗客へドリンクを提供しています。

このほか、福岡ー対馬線も飛行時間が30 ～ 35分と短い路線で、コードシェア便を含めて、1日4往復8便が運航されています。

長崎県対馬市は、ANAグループが取り組んでいる地域活性化支援事業の一環として、ANA総合研究所の研究員がはじめて駐在した地域です。地域の知名度の向上のため、市の名前と花を機体後方の左右に表示した「ご当地プレーン」を運航しています。現在は、長崎県対馬市と熊本県天草市、鹿児島県の薩摩川内市の塗装で、これまでにも777-200をメイン機材に5市が紹介されました。

©Charlie FURUSHO

座席上部には各種サインが表示される。シートベルト着用サインは離着陸時だけでなく、上空の気流が悪いときにも機長判断で点灯させる

シートベルト着用サイン……座席の上部にあるシートベルト着用サインの点灯中は、シートベルトをかならず着用しなければならない。離陸後このサインが消えると、キャビンアテンダントは飲み物のサービスを開始する。

上空ならかならず拝める
初日の出を迎えるフライト

ご来光を拝みながら、一年の健康や幸運を願う人は多いでしょう。
天候に左右される日の出も、上空なら見逃すことはありません。

元日の富士山と初日の出を望む

　ANAの初日の出フライトは、毎年販売開始とともに完売してしまうほどの大人気商品です。「21世紀初日の出飛行」として2001（平成13）年に販売がスタートしました。

　通常はペア航空券で販売され、旅行代金には航空運賃のほか、機内で提供されるおせち風のミニ弁当や**搭乗証明書**、升酒、お土産などが含まれています。

　このフライトは、羽田空港からの遊覧飛行で、元日の朝4時半ころに空港に集合し、5時35分ころに出発します。飛行中に上空から初日の出や富士山を望み、8時ころに羽田空港に到着するスケジュールです。

　2015（平成27）年には、ANAが設定した2便のうち1便が、前年8月に国内線に就航したボーイング787-9で運航されました。ほかの機材とくらべて窓が大きく、機窓の風景がより楽しめるようになったのです。

2015年の初日の出フライトでは、はじめて787型機が使用され、愛称である「ドリームライナー号」と名づけられた。フライトを担当した客室乗務員や振袖姿の地上係員が乗客を迎えた

初日の出フライトの飛行ルート

　初日の出フライトはおよそ2時間半の遊覧飛行です。2015（平成27）年の飛行ルートは、鎌倉、箱根、沼津の上空を通過し、岐阜県中津川市周辺上空の初日の出鑑賞ポイントへ向かいました。

　初日の出の前には、機内の灯りをすべて暗くし、ご来光の瞬間を待ちます。高度1万8,000ft（約5,500m）の上空がしだいに明るみはじめ、光がまぶしくさす瞬間はまさに絶景です。

　初日の出を楽しんだあとは、長野の松本、新潟の苗場山や八海山、栃木の那須岳、茨城の筑波山などを大きく経由するルートを通って羽田空港に戻りました。

　地上では、天候の都合もあり、初日の出が見られない年もあります。

　一方で、雲の上はいつも晴れです。オレンジ色に染まる空に輝く初日の出でスタートすることは、きっとよい年をもたらしてくれることでしょう。

787-9の大きい窓からは、外の景色をより広くとらえることができる。幻想的で縁起のよい景色が望める人気のフライトだ

マメ蔵
mamezou

搭乗証明書……初就航便や特別フライトなどの記念品として発行されることがある。2015（平成27）年の初日の出フライトでは、代表取締役社長からのメッセージや飛行ルートが記載された搭乗証明書が全乗客に贈られた。

179

ANAを代表する
未来を担うスポーツ選手たち

現在8人のスポーツ選手がANAグループに所属しています。ANAは、アスリートたちとともに「挑戦」する心で成長し続けます。

日本と中国の懸け橋

　現在、もっとも長くANAに在籍しているスポーツ選手は、卓球の福原愛選手です。2005（平成17）年にスポンサー契約、2007（平成19）年に所属契約を締結しました。具体的には、海外試合のために渡航する際の交通手段を全面的にサポートするとともに、ANAの顔として宣伝広告などで活躍してきました。

　福原選手がANAに所属した年は、ちょうど日中国交回復の35周年であり、ANAにとっても、1987（昭和62）年にANAではじめて中国線（北京線）が就航して20周年にあたる年でした。2008（平成20）年の北京オリンピックに向け、日中の懸け橋となって活躍する福原選手と、当時これから中国路線に力を入れようとしていたANAの事業イメージが合致したため、所属が決定しました。

　このほか、フィギュアスケートの羽生結弦選手や水泳の松原颯選手がANAの所属選手として活躍しています。またビーチバレーの田中麻衣選手は客室乗務員として任務に就き、乗務以外の休日を使って練習や試合を行なっています。

上海線就航の際には、搭乗ゲートの前でテープカットのセレモニーが行なわれた

競技大会で活躍する若手アスリートを採用

ANAは、公益財団法人日本オリンピック委員会（以下、JOC）のオフィシャルサポーターであり、2020年東京オリンピック・パラリンピック競技大会のオフィシャルエアラインパートナーにも選ばれています。

将来を担うアスリートを応援する社会活動として、ANAグループでは2014年度から**アスナビ**を利用し、水泳の松原颯選手、女子7人制ラグビーの横尾千里選手、競泳・背泳ぎの津川拓也選手を採用しました。

ANAグループでは「努力と挑戦」を行動指針として掲げ、世界の舞台に挑む日本の若者たちを支援するアスナビの趣旨に賛同しています。

2015年度にも、スケート・ショートトラックの菊池悠希選手および、競泳・平泳ぎの押切雄大選手の入社を内定し、さらなる若手アスリートの支援体制を構築しています。

JOC（日本オリンピック委員会）のWebサイトで紹介されているアスナビのページ（http://www.joc.or.jp/about/athnavi/）。

アスナビ……JOCが推進するトップアスリートの就職支援活動。企業が選手を採用して社員としてサポートし、選手は競技に集中することができる。ANAは2014年度からアスナビをとおして毎年2～3人を採用している。

時代をリードする ANAのIT・メディア戦略

変わりゆく時代に合わせて、ANAはSNSなどのあらゆるメディアを駆使して、顧客へのアプローチ方法を工夫しています。

Webサイト価値ランキングNo.1

ANAの公式サイト「ANA SKY WEB」は、2013（平成25）年から3年連続で**Webサイト価値ランキング**で全業界トップを獲得しています。

オンライン予約のツールとしてだけでなく、2015（平成27）年には、ライフスタイルマガジン『ANA Travel & Life』をフルリニューアルしました。

旅に精通した有名人のインタビュー記事や、航空の豆知識「ANA Trivia」などの読み物をまとめた「FEATURE」、旅や飛行機などに関する統計を図やイラストを使って楽しく紹介する「INFOGRAPHICS」、ANAショッピング A-styleの商品をわかりやすく紹介する「GOODS」の3つのカテゴリーで、空の旅を身近に感じるような情報を配信しています。

これらのサイトは、マーケットコミュニケーション部の担当者たちが定期的に討議を重ね、「適切なとき、適切な人に、適切なメッセージを」を原則に、日々改良されています。

Web サイト「ANA Travel&Life」のトップページ

ソーシャルメディアの活用

ANAは、ソーシャルメディアをいち早く活用した企業のひとつで、複数の媒体をそれぞれの特性に合わせて使い分けています。

Facebookページ「ANA.Japan」は、2011（平成23）年1月にスタートしました。ANAグループで働く社員や機体、機窓の風景などを毎日投稿し、現在、合計約141万人（2016〈平成28〉年1月現在）の「いいね！」を獲得しています。

また、Twitter「ANA旅のつぶやき」（@ANA_travel_info）では、お得な運賃やキャンペーン、イベントなどの旅に役立つ情報をつぶやいています。

一方で、搭乗客向けの別アカウント「ANA運航の見通し情報」（@ANA_flight_info）では、遅延や欠航、条件付きの運航など、気象状況などから予測される当日・翌日の運航情報を配信しています。

さらにInstagram（@ana.japan）では、飛行機が入ったかわいい風景写真などを投稿し、とくに若い女性の旅気分を誘います。

Facebook ページ「ANA.Japan」（https://ja-jp.facebook.com/ana.japan/）のトップページ

Webサイト価値ランキング……トライベック・ブランド戦略研究所が毎年発表している、企業サイトの価値を評価したランキング。どのくらい事業活動に貢献しているのか、「売上価値」と「情報価値」の両面から評価する。

人気商品とのタイアップで ダブルの効果

ANAは企業とのコラボレーションを積極的に推進。「ファミリア」や『スター・ウォーズ』との企画は絶大な人気をほこります。

ANAの機内でしか手に入らない人気商品

　ここ数年、機内販売で注目を集めている商品のひとつに、ベビー・子ども用品を扱うファッションブランド「ファミリア」とANAがコラボレートしたオリジナル商品があります。

　通園や通学をする子どもを対象にデザインされ、これまでにトートバッグや、タオルハンカチ、巾着など、園や学校生活に楽しみを添えるようなアイテムが販売されてきました。

　商品には、ANAの飛行機やパイロット姿のファミちゃん、客室乗務員の制服を着たリアちゃんなどのキャラクターをほどこし、男の子と女の子のどちらでも使用できるユニセックスな色を使用するなど、工夫されています（国内線のみの販売）。

　目を引くかわいいデザインのオリジナル商品は、出張のお土産や家族旅行の思い出の一品としても多く購入されています。

ANA の国内線機内販売で買えるかわいいデニム調のバッグは子どもの通園やおけいこにぴったり

ANAと『スター・ウォーズ』

　映画『スター・ウォーズ』に登場するドロイド（ロボット）「R2-D2」をボーイング787-9に大胆に描いた「R2-D2™ANA JET」が2015（平成27）年秋に就航。定期便をスタートする前に行なわれた遊覧フライトでは、キャンペーンの当選者が『スター・ウォーズ』のコスチュームを着て搭乗し、世間をにぎわせました。欧米路線をはじめ、中国・アジア・オーストラリアと、世界各地に就航しています。

　このほか、機体の両側面にR2-D2とBB-8*をそれぞれ塗装した767-300の「STAR WARS™ANA JET」は2015（平成27）年11月から国内線に、BB-8を胴体全面にデザインした777-300ERの「BB-8™ANA JET」は2016（平成28）年春から北米路線を中心に就航する予定です。

　『スター・ウォーズ』の特別塗装機を就航させたのはANAがはじめてで、世界と日本をつなぐ企画として実現した「STAR WARSプロジェクト」は、2020（平成32）年まで5年にわたる新たな計画です。

※ 2015年12月18日公開の新3部作の1作目『スター・ウォーズ／フォースの覚醒』に登場した新キャラクター

機内も『スター・ウォーズ』仕様のヘッドレストカバーや紙コップなどが用意されたり、搭乗時にはテーマ曲が流れたりする

機内販売……ANAの機内販売誌『ANA SKY SHOP』は1988（昭和63）年に発行開始。商品の企画や開発はANAグループの商社である全日空商事が行なうが、販売員のCAも自らの経験を活かして商品開発に携わっている。

ANAの航空券は
SKiPサービスが便利

航空券の購入方法や使い方は、利用者によってそれぞれです。
ANAは、利用者の利便性を考えたサービスを導入してきました。

空港では保安検査場へ直行

　ANAの航空券は、Webサイトや空港カウンターのほか、旅行代理店や
コールセンター（予約センター）で購入することができます。

　チケットの形態は**eチケット（電子航空券）**で、ANAマイレージ
クラブ会員なら、IC機能つきのANAカードやANAマイレージクラブ
Edyカード、おサイフケータイを当日空港の専用機械にかざして手続きを
します。

　空港では「SKiPサービス」といって、航空券を購入して座席指定まで
すませた利用者が、当日の空港での手続きを「スキップ」して、直接保
安検査場に向かえるサービスを国内航空会社でいち早く2006（平成18）
年に導入しました。予約情報が入ったICやQRコードを、保安検査場と搭
乗ゲートにかざすだけの、利用者にとってとても使いやすいしくみです。

　保安検査場は、出発時刻の15分前までに通過すればいいため、仕事など
でギリギリになってしまうことの多いビジネスマンに便利なサービスです。

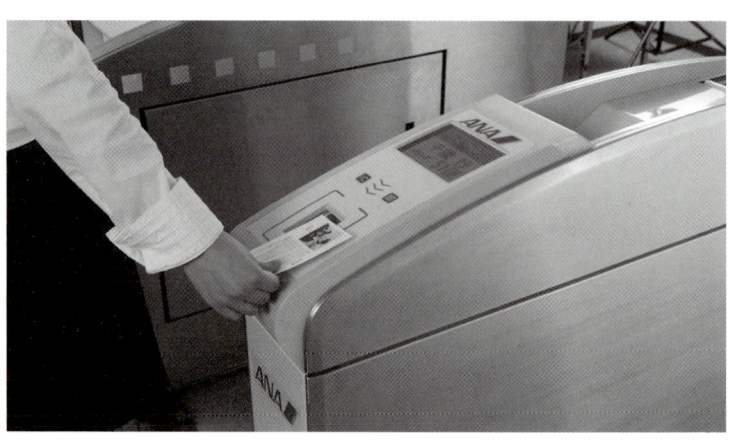

QRコードを搭乗ゲートにかざすだけで、手続きが完了する

早めの予約がお得！

　航空券にはさまざまな販売方法があり、予約システム上で開放している座席を、旅行代理店や一般利用者問わずに購入できるしくみになっているため、早めの予約や座席指定がおすすめです。

　また、ANAでは各種割引運賃を設定しています。たとえば「旅割」では搭乗日から75日前の「旅割75」から21日前の「旅割21」まで、購入日が早ければ早いほど割引率がアップする価格設定です。

　これらの運賃は、普通運賃から最大約81％の割引率ですが、こういった割引運賃を設定するだけでなく、ビジネス客を対象とした変更可能な運賃など、路線や便ごとに柔軟な運賃設定をして利用者のニーズに応えるとともに、航空会社としても収益につなげています。

「旅割」適用となる、75、55、45、28、21日前の予約でお得になる

eチケット（電子航空券）……航空券の形態のひとつで、予約情報を電子データとして記録したもの。紙の航空券は発行されず、代わりに旅程表やお客様控として利用者にメールなどで送付される。

ANAに入社するには

ANAグループには約3万4,000人の社員が在籍し、それぞれの職種で活躍する社員が一丸となって飛行機の運航を支えています。

ANAが求める人財

　ANAが新卒として募集するのは、ふたつの総合職＝総合職事務職、総合職技術職と、ふたつの専門職＝客室乗務職、運航乗務職（自社養成パイロット）の4職種です。

　うち総合職技術職は理系の学生に限定した募集ですが、そのほか3職種では、文系理系を問わず、すべての学生が挑戦できるのです。

　ANAには、グループを通じて大切にしている行動指針 "ANA's Way" のひとつである「努力と挑戦」の文化が浸透しています。社員一人ひとりが成長を意識しながら、たゆまぬ努力を重ねてきました。

　現在は160社を超えるグループ会社が協力し合い、ひとつのブランドを創造しています。事業のグローバル化やダイバーシティも大切にし、多様化する利用者の一人ひとりに寄り添うエアラインをめざしています。

ANA 採用サイトのトップページ

運航乗務職（自社養成パイロット）

採用学部学科（学部学科問わず）

エントリー
（アンケート、エントリーシート、Web 基礎適性検査）

一次選考
（エントリーシート提出、グループ面接）

二次選考
（航空適性検査〈操縦模擬ツール〉、心理検査）

三次選考
（航空身体検査）

四次選考
（個人面接、航空適性検査〈シミュレーター〉）

五次選考
（個人面接、英語コミュニケーションテスト）

制限

・各眼の矯正視力が 0.7 以上であること。
・各眼 0.7、両眼 1.0 以上の視力に矯正できるレンズの屈折度が ± 8 ジオプトリーを超えないこと（オルソケラトロジーを受けていないこと）。

キャリアステップ

ゼロから訓練を積んだのち、審査を経て ANA 運航便を操縦するパイロットとして乗務し、副操縦士から機長へとステップアップしていく。

客室乗務職

採用学部学科（学部学科問わず）

エントリー
（アンケート、エントリー
シート）

本選考
（面接・英語試験・学力
検査・身体検査など）

制限

裸眼またはコンタクトレンズ矯正
視力が両眼とも1.0以上であるこ
と。航空機乗務に際し必要な体力
を有し、呼吸器・循環器・耳鼻咽
喉・眼球・腰椎等に支障がないこ
と。東京国際空港（羽田空港）に
公共交通機関を利用し90分以内
で通勤可能な場所に居住または居
住予定。

キャリアステップ

運航便の客室内での保安業務と、乗客が機内で快適に過ごすための
サービス業務を行なう。フライト経験を重ね、国内線から国際線、ビ
ジネスクラス、ファーストクラスへと接遇スキルを磨いていく。

総合事務職

採用学部学科（学部学科問わず）

エントリー
（アンケート、Web 適性検査、
エントリーシート）

本選考
（個人面接など）

キャリアステップ

ANAを組織する3つの機能、①
オペレーション（運航）、②コー
ポレート（経営）、③ビジネス
（商売）の中心となり、将来は
それぞれが各分野のリーダー
的役割を果たす。

総合技術職

採用学部学科（理系学部・学科）

エントリー
（アンケート、Web 適性検査、
エントリーシート）

本選考
（個人面接など）

─ キャリアステップ ─

航空機を知りつくし、整備や
管理の能力を身につけて航空
機を安全な状態に保つ。整備
の現場からキャリアスタート
し、専門性を磨いていく。

参考文献

『**旅客機と空港のすべて**』秋本俊二 監修（JTB パブリッシング）

『**マンガ・うんちくエアライン**』平尾ナヲキ 著、秋本俊二 監修
（KADOKAWA）

『**ANA 旅客機まるごと大百科**』チャーリィ古庄・秋本俊二著（SB クリエ
イティブ）

『**これだけは知りたい旅客機の疑問 100**』秋本俊二 著（SB クリエイティ
ブ）

『**みんなが知りたい空港の疑問 50**』秋本俊二 著（SB クリエイティブ）

『**飛行機はどこを飛ぶ？　航空路・空港の不思議と謎**』造事務所 編著、秋
本俊二 監修（実業日本社）

『**航空旅行**』各号（イカロス出版）

『**月刊エアライン**』各号（イカロス出版）

『**航空機エアラインぴあ　航空機を楽しむおでかけガイド**』（ぴあ株式会社）

『**三菱重エグラフ 2015 No.178**』

『**大空への挑戦―ANA50 年の航跡―**』

『**航空業界の動向とカラクリがよ～くわかる本**』吉田力 著（秀和システム）

『**エアライン　オペレーション入門改訂版**』（ぎょうせい）

『**That's ANA ビジュアル**』（角川学芸出版）

『**フライトナビ　国内線機窓ガイド**』（イカロス出版）

『**航空旅行**』（イカロス出版）

監修者
秋本俊二（あきもと　しゅんじ）

作家・航空ジャーナリスト。東京都出身。学生時代に航空工学を専攻後、数回の海外生活を経て取材・執筆活動をスタート。世界の空を旅しながら、新聞・雑誌、Web媒体などにレポートやエッセイを発表するほか、テレビ・ラジオの解説者としても活躍する。『これだけは知りたい旅客機の疑問100』『みんなが知りたいLCCの疑問50』（以上、SBクリエイティブ）、『航空大革命』（KADOKAWA）ほか、著書多数。

装丁：一瀬錠二（Art of NOISE）
編集構成、DTP：株式会社 造事務所
　文：秋本俊二、古屋江美子、宮下裕子
　本文デザイン：中村正和
　図版：金井登、原田弘和
写真提供：ANA、チャーリー古庄、秋本俊二

ANAの謎とふしぎ
2016年2月23日　第1版第1刷発行

監修者 ── 秋本俊二

編　者 ── 造事務所

協　力 ── ANA

発行者 ── 安藤　卓

発行所 ── 株式会社PHP研究所
　　　　　京都本部：〒601-8411　京都市南区西九条北ノ内町11
　　　　　　　　　　文芸教養出版部
　　　　　　　　生活文化課　☎ 075-681-9149（編集）
　　　　　東京本部：〒135-8137　江東区豊洲5-6-52
　　　　　　　　　　普及一部　☎ 03-3520-9630（販売）
PHP INTERFACE ACE　http://www.php.co.jp/

印刷・製本所 ── 図書印刷株式会社